dumont taschenbücher

W0078808

Evi Melas, geboren in Athen, über Jahrzehnte Korrespondentin verschiedener deutschsprachiger Zeitungen und Zeitschriften, hat sich durch zahlreiche Publikationen, darunter mehrere Kunst-Reiseführer, als exzellente Kennerin der Geschichte, Kunst und Kultur ihres Heimatlandes ausgewiesen.

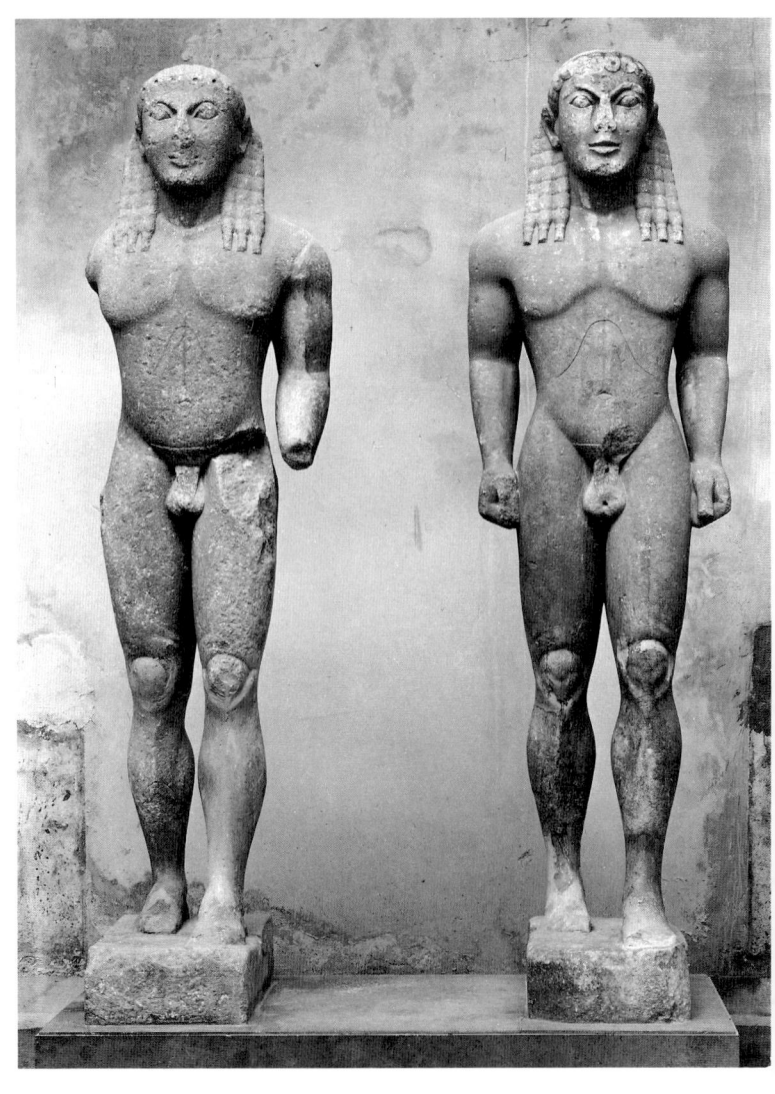

Kleobis und Biton (oder die Dioskuren Kastor und Polydeukes?). Marmor, Anfang des 6. Jhs. v. Chr. Delphi-Museum

Evi Melas

Delphi

Die Orakelstätte des Apollon

DuMont Buchverlag Köln

Umschlagvorderseite: Antikes Theater und Apollon-Tempel von Delphi

CIP-Titelaufnahme der Deutschen Bibliothek

Melas, Evi:
Delphi: die Orakelstätte des Apollon /
Evi Melas. – Erstveröff. – Köln: DuMont, 1990
    (DuMont-Taschenbücher; 250)
    ISBN 3-7701-2577-0
NE: GT

Erstveröffentlichung
© 1990 DuMont Buchverlag, Köln
Alle Rechte vorbehalten
Satz, Druck und buchbinderische Verarbeitung: Boss-Druck, Kleve

Printed in Germany   ISBN 3-7701-2577-0

Inhalt

Delphi – Ein Panorama

Delphi, von hohen Bergen umgeben, blickt hinab auf den Korinthischen Golf. Die Landschaft ist in sich abgeschlossen, auf sich konzentriert – und öffnet sich dennoch der Welt. Vielfältig wie die Elemente dieser natürlichen Umgebung entwickelte sich auch Apollon, der eintausendundzweihundert Jahre hier herrschte.

Delphi liegt auf steilen Schieferterrassen und Kalkzonen ca. 550 m hoch am Südabhang des Parnaß (griech.: Parnassos; 2457 m). Unmittelbar über den Heiligtümern erheben sich gewaltige, fast senkrecht emporragende Felswände: Im Westen erstreckt sich das mächtige Giona-Massiv (das Aselena-Gebirge der Antike; 2510 m), im Osten das dem Mythos zufolge von den Musen bewohnte Helikon-Gebirge (2300 m), dessen Ausläufer, die felsige Desphina (das antike Kirphis), nach Süden hin eine tiefe, schmale Schlucht einschließen. Der Pleistos durchfließt sie, gesäumt von Lorbeer- und Oleanderbüschen, bevor er die weite, bläulich-silbern schimmernde, mit Oliven bepflanzte Ebene von Itea erreicht, die sich zum Meer hin öffnet (Abb. 1).

Diese Landschaft hatten die alten Griechen vor Augen, als sie am steilen Abhang neben den Phaidriaden (den ›Glanzfelsen‹), durch die das Wasser aus der Kastalischen Quelle fließt, ihre Heiligtümer errichteten. Die beiden Felsen, Rhodini (der ›Rosige‹) im Westen und Phlembukos (der ›Flammende‹) im Osten, von der auf- und untergehenden Sonne leuchtend rot gefärbt, sind durch einen schmalen Einschnitt getrennt – einen Abgrund, der tief hinunter ins Pleistos-Tal reicht. Hier kann man sich noch der Illusion hingeben, die Zeit stehe still. Im Gegensatz zu zahlreichen anderen archäologischen Stätten Griechenlands blieb die Landschaft um Delphi fast unberührt – abgesehen von der breiten Anfahrtsstraße und einigen, seit 1989 unübersehbaren

1 Blick auf Delphi und die Phaidriaden. Kupferstich von Ambroise Tardieu ▷

7

braunen Flecken an den Waldhängen, die das Baumsterben auch hier ankündigen. Sträucher, Bäume, die vielen Quellen, die Vögel und Blumen, die Grotten und Steine wecken die Erinnerung daran, daß die alten Griechen in ihnen allen göttliche Offenbarungen und Zeichen sahen.

Welche Götter waren in Delphi zu Hause?

Gaia, die Erde, und ihr Gemahl Poseidon – hier nicht als Gott des Meeres, sondern der Flüsse, Quellen, des Erdbebens und als Orakelgott verehrt –, Athena und Dionysos, Themis, Hestia, Demeter, der ziegenfüßige, flötenspielende Pan, der in der Mittagssonne ›Panik‹ auslöste, die Nymphen, die Musen, die Bacchantinnen, die Thyiaden – und schließlich Apollon, der junge, jugendliche Gott. Auch nachdem Apollon im 9./8. Jh. v. Chr. als ›Gebieter‹ im felsigen Pytho (Delphi) auftrat, behielten die älteren Götter hier ihre Altäre, feierte man sie und opferte man ihnen, doch standen sie nun im Schatten des Apollon-Kults.

Die Beinamen des delphischen Apollon bezeichneten – wenn sie nicht vom Heiligtum abgeleitet wurden wie Pythios von Pytho/Delphi oder von Python, der Erdschlange – Funktionen, d. h. Wirkungsbereiche, des Gottes: Als Phoibos war er Gott des Lichts, als Musagetes Anführer der Musen, als Moiragetes Anführer der Schicksalsgöttinnen und als Loxias, der Schräge, ›zweideutiger‹ Orakelgott.

Apollon Phoibos, Gott des Lichts, der Klarheit und der Erkenntnis, wirkte als der kultisch reinigende und auch als der kultivierende, erziehende, zivilisierende Gott; er wurde als Gesetzgeber verehrt und von Dichtern gerühmt. Der delphische Apollon und sein Orakel haben den Glauben, das Dichten und Denken der Griechen außergewöhnlich und nachhaltig beeinflußt. Zur Zeit seines größten Ruhmes (8.–5. Jh. v. Chr.) war das Delphische Orakel höchste Instanz in religiösen, politischen, kulturellen und persönlichen Fragen. Fragen, die heute im Parlament gestellt werden, an Priester aller Religionen oder an Psychiater, wurden jahrhundertelang dem Gott von Delphi vorgetragen. Abgeordnete und Privatleute aus nah- und fernliegenden Städten, sogar aus Kleinasien, Ägypten, Nordafrika, Sizilien, Südfrankreich und Spanien kamen nach Delphi. Sie erhofften sich von Apollon Rat und brachten ihm wertvollste Weihgaben dar.

Das Heiligtum auf den Felsstufen wurde von dem großen Apollon-Tempel beherrscht, zu dem man durch einen Statuenwald und entlang tempelähnlicher Schatzhäuser emporstieg. Innerhalb des steinernen Gotteshauses – zugleich Zuflucht für Ratsuchende und Schatzkammer für uralte kultische Symbole wie den Omphalos, den ›Nabel der Welt‹, den Lorbeerbaum und den Dreifuß – sprach Apollon durch den Mund seiner Priesterin Pythia im Adyton (s. S. 59 ff., 150 f., 154). Im Tempelinneren stand der Altar mit der nie erlöschenden Flamme, der ›als gemeinsamer Herd‹ von ganz Hellas galt.

Die Gebirgslandschaft um Delphi läßt ahnen, was Apollon bewogen haben mag, an diesem Ort seine eigene Welt der Harmonie, Schönheit und ethischen Ordnung zu schaffen: Sie bildete ein Gegengewicht zu den unkontrollierbaren Naturgewalten, die hier stets gewärtig sind, auch wenn die Erde gerade nicht bebt, wenn sich von den Bergen keine Felsbrocken lösen und wenn keine Gewitterwolken den Himmel verdüstern. Man begreift, weshalb die alten Griechen in diesem und keinem anderen ihrer vielen Apollon-Heiligtümer den Gott verehrten, der Maßlosigkeit und Willkür zu bezwingen suchte.

Die delphische Orakelstätte hat, wie ich glaube, entscheidend zur Entwicklung des altgriechischen Dialogs beigetragen. Von Homer über die Tragödiendichter bis hin zu den Sophisten und Platon ging es im Dialog stets darum, durch das Wort auf den Grund der Wahrheit zu gelangen. In Delphi wurden Fragen formuliert und Antworten gegeben, die Anlaß zum Nachdenken boten – was wiederum neue Fragen förderte. Apollon und die bei ihm Ratsuchenden gingen das Risiko ein, dem jeder Dialog ausgesetzt ist: entweder zum Verständnis oder aber zum fatalen Mißverständnis zu führen.

Delphi war jedoch nicht nur Orakelstätte, sondern auch Hauptsitz der Amphiktyonie, eines kultisch-politischen Verbandes von zwölf mittel- und nordgriechischen Stämmen und Stadtstaaten – ein erster Versuch, mit Hilfe eines föderativen Bündnisses ein Gleichgewicht zwischen den einzelstaatlichen Interessen zu erzielen.

Weit war der Weg nach Delphi. Die Pilger und Ratsuchenden der Antike benötigten für die Reise manchmal mehr als einen Monat zu Wasser und zu Lande. Sie ritten auf Pferden, fuhren mit Gespannen oder gingen zu Fuß: ein langes und mühsames Unterfangen, denn hinter dem Dreiweg, an dem Oidipus den Vatermord verübte (s. S. 78), wird der Weg »steiler und auch für einen rüstigen Mann schwierig«. So beschreibt Pausanias (X,5,5), der unermüdliche Reiseschriftsteller des

2. Jhs. n. Chr., seine Wanderung zur heiligen Stätte. Stets nahmen sich die Pilger Zeit – Zeit für ihre Fragen und Zeit, um über die Antwort des Gottes nachzudenken. Und dies entsprach durchaus dem Geist von Delphi.

Die meisten heutigen Besucher folgen der Autostraße Athen–Thessaloniki und erreichen über Theben und Levadeia (Lebadeia) den Parnaß – sie folgen also der schon von Aischylos bezeichneten ›Reiseroute‹. Jene wiederum, die von Norden kommend den Paß zwischen dem Parnaß und der Giona überqueren und via Amphissa nach Delphi fahren, sind auf dem Weg, den Leto – nach einer anderen Überlieferung – mit ihrem kleinen Sohn Apollon vom Olymp her einschlug. Die von Westen Anreisenden nähern sich Delphi entweder per Schiff durch den Korinthischen Golf oder über eine prachtvolle Küstenstraße entlang des Meeres durch die reizvollen Kleinstädte Naupaktos/ Lepanto und Galaxidi zum Hafenort Itea. Von dort fährt man durch herrliche Olivenhaine* hinauf zum Heiligtum. Diese Anfahrt entspricht der im »Homerischen Hymnos« geschilderten Ankunft Apollons: Er kam an Bord eines kretischen Schiffes durch den Korinthischen Golf nach Kirrha (dem heutigen Itea) und stürmte vom Schiff »gleich einem Stern« (»Homerischer Hymnos«, 441; s. S. 48) durch die mit Dreifüßen geschmückte Ebene nach Pytho/Delphi. Aus welcher Richtung der heutige Besucher sich also Delphi nähert, wie schnell er auf asphaltierten Straßen auch fahren mag, stets wird er den Spuren Apollons folgen.

In Delphi angekommen, wandelt man von alters her zur Kastalischen Quelle (Farbabb. 4; Abb. 2, 47; s. S. 132 f.). Unter dem dichten Laub uralter Platanen sitzend und kühles Wasser trinkend, haben viele Tausende vor uns über sich und ihre Probleme nachgedacht und zuweilen befriedigende Antworten gefunden. Inmitten dieser leuchtenden Landschaft, die sowohl ihren Frieden als auch ihre ungezähmte Natur bewahrt hat, gewinnen die alten Mythen neue Überzeugungskraft.

Jene mythischen Erzählungen, die zu den genialsten Schöpfungen der Griechen gehören, versuchen in repräsentativen Gestalten und Handlungen den Ursprung und das Wesen der Welt zu erklären. Alle Griechen haben am Gewebe dieser Mythen über die Entstehung und

---

* Die Olivenhaine in der Ebene zwischen Amphissa und Itea – einst die Krisaiische Ebene genannt – existierten im Altertum nicht; bis in die Spätantike war die Ebene unbebaut, ganz den Göttern geweiht.

2 Die Papadia-Schlucht unterhalb der Kastalischen Quelle

Herkunft der Götter und Heroen, ihrer Kämpfe und Leiden mitgewirkt und haben sie von Generation zu Generation weitergegeben: eine farbenprächtige, doch auch schreckenerregende Sammlung, in der Einbildungskraft und historische Erinnerung ineinanderfließen. Bei allen Kämpfen, die sich griechische Stämme und Stadtstaaten hartnäckig und blutig lieferten, wurden die lokalen Legenden des jeweiligen Feindes stets respektiert. Widersprüchliche Überlieferungen ließ man nebeneinander bestehen. Diese mündliche Tradition bildete das große ›Reservoir‹, aus dem Homer, Hesiod, Pindar, Aischylos, Sophokles und Euripides (8.–5. Jh. v. Chr.) schöpften und jeweils eine zeitgemäße Fassung entwickelten, von dem Vasenmaler wie Bildhauer sich jahrhundertelang inspirieren ließen. Delphi, wie jede andere altgriechische Stätte, ist ohne seine Mythen nicht denkbar.

Jeder, der sich in Delphi aufhält, wird die tiefe Stille des Ortes empfinden. Gewiß, zuweilen wird diese Ruhe gestört vom Getriebe und dem Lärm, den Touristenbusse und -gruppen, Limonaden- und Bierverkäufer oder Fremdenführer mit sich bringen. Aber auch das hat es immer gegeben: Im alten Delphi wurden nicht nur die Götter verehrt und Orakel verkündet, es wurde gehandelt, betrogen und bestochen, Tiere wurden geschlachtet und gesotten, man trank und speiste, tätigte Geldgeschäfte, schleppte immer neue, grandiose wie protzige Weihgaben heran. Die Stätte Apollons war ebenso ein Ort religiöser Verehrung wie menschlicher Schwächen.

Die Orakelstätte – Ursprünge, Höhepunkt und Niedergang des Heiligtums

Wenige Orte sind wissenschaftlich so gründlich erforscht worden wie Delphi: Archäologen, Philologen, Epigraphiker, Kunst- und Religionshistoriker ließen keinen Stein und kein Detail ununtersucht. Viele Fragen konnte die Wissenschaft beantworten, andere jedoch blieben offen und neue stellten sich.

Wie ist das Heiligtum entstanden? Welche Gottheiten wurden dort verehrt?

Aufschluß darüber geben nicht zuletzt die mythischen Erzählungen der Griechen. Eine dieser Mythen handelt von der ›griechischen Sintflut‹: Als sich die Gewässer langsam verlaufen hatten, landete die Arche, in der Deukalion und Pyrrha als einzige Menschen überleben konnten, hoch über den Phaidriaden, am Abhang des Parnaß. Deukalion und Pyrrha baten Zeus um neue Menschen, und er riet ihnen, die Welt mit den ›Knochen ihrer großen Mutter‹ neu zu bevölkern. Zunächst bestürzt, verstanden sie schließlich, daß mit dieser Mutter die Erde und mit den Knochen die Steine gemeint waren. So warfen sie Felsbrocken über ihre Schultern. Aus jenen, die Deukalion warf, erwuchsen Männer und aus denen der Pyrrha Frauen. Ein Enkel von Deukalion, Delphos, wurde zum ersten König von Delphi, sein Bruder Amphitryon, zum Gründer des Rates der Amphiktyonie, eine Enkelin, Thyia, führte den Dionysos-Kult auf dem Parnaß ein, und ihr zu Ehren nannten sich die delphischen Bacchantinnen Thyiaden. Bis zu Plutarchs Zeiten (2. Jh. n. Chr.) galten die auf Lebenszeit ernannten fünf *hosioi*, die gemeinsam mit den *prophetes* die Apollon-Riten ausübten, als Nachkommen des Deukalion. Der Zufall wollte, daß hoch über den Phaidriaden, in der Korykischen Grotte, die ältesten menschlichen Spuren (4300 v. Chr.; s. S. 158 ff.) dieser Gegend entdeckt wurden.

Eine andere mythische Überlieferung weiß, daß dort, wo das Apollon-Heiligtum entstand, seit uralten Zeiten Gaia oder Ge, Mutter aller

3 Apollon, auf dem Arm seiner Mutter Leto, zielt auf den Python. Nachzeichnung einer Vasenmalerei (schwarzfigurige Lekythos)

Lebewesen, auch als *protomantissa* (griech.: ›erste Prophetin‹) verehrt wurde. Hier zeigt sich die starke religiöse Beziehung der alten Griechen zur Erde (griech.: *gaia*), die auch in späterer Zeit nie verlorengehen sollte. Sie manifestierte sich in der Art, wie die Griechen ihre Toten und wie sie chthonische (erdhafte) Gottheiten ehrten. Die Erde, so glauben sie, erschlösse ihnen die Weisheit der Verstorbenen.

Spätestens mit Beginn des ersten vorchristlichen Jahrtausends trat eine neue Göttergeneration ans Licht, die dem ›verhaßten‹ Tod nicht mehr unterworfen war und sich den Berg Olymp zu ihrem Wohnsitz erkor. Homer und Hesiod beschrieben sie im 8./7. Jh. v. Chr.: den Göttervater Zeus, seine Gemahlin Hera, seine Geschwister Demeter und Poseidon sowie die große Zahl seiner ›unehelichen‹ Kinder – Apollon, Hermes, Hephaistos, Ares, Athena, Artemis, Aphrodite und Dionysos. Der griechische Göttertag begann, tausend Jahre sollte er währen. Selbst dann noch, als die Griechen sich ihre Unsterblichen als lichte, schöne Menschen vor- und auch so darstellten, opferten sie stets auch ihrem chthonischen Aspekt. Im Volksglauben bewahrten die ›Olympier‹ die chthonische Kraft der alten Gottheiten, ihre Beziehung zur Fruchtbarkeit und zum Tod.

16

Ein großer Augenblick in Delphis Geschichte muß es gewesen sein, als Apollon die Herrschaft übernahm. Aischylos beschreibt in den »Eumeniden«, wie Apollon Heiligtum und Orakelstätte von Gaia und ihrer Tochter Themis, der Göttin des Rechts, als Erbe übernimmt. Als einzigartiger Mittler zwischen zwei Welten, der himmlischen und der chthonischen, wird Apollon von Aischylos gedeutet.

Sehr viel weiter verbreitet war freilich eine andere mythische Version, laut der Apollon ›mit seinem krummen Bogen‹ den Wächter des Gaia-Heiligtums, die rötliche Schlange (den Python), erschossen und so Delphi mit Gewalt erobert habe (Abb. 3). Gedeutet wird Apollons Tat als Symbol für die gewaltsame Verdrängung vorausgegangener Kulte. Zugleich jedoch läßt die Überlieferung erstmals ein sittliches Element erkennen: Der Gott zog nach dem Python-Mord ins Tempe-Tal (Abb. 31), um sich von seiner Blutschuld zu reinigen – Blut sollte fortan nicht mehr durch Blut gerächt werden. Er wusch sich im Fluß und in den Quellen, nutzte die Körper und Seele reinigende Kraft des Wassers und tötete damit zugleich die Vergangenheit. Zudem mußte der Gott eine neunjährige Verbannungszeit auf sich nehmen, um für den Tod des Python zu büßen. Moralische Reinheit wurde jetzt von einem griechischen Gott gefordert, der seine Schuld anerkannte und den Menschen ein Vorbild der Sühne gab. Die Erinnyen, die alten Rachegöttinnen, jedoch klagen: »Ihr neuen Götter, die alten Gesetze, Ihr tratet sie nieder!« (»Eumeniden«, 778–779).

Länger als ein Jahrtausend blieb Apollon zuständig für Fragen und Riten der Katharsis (griech.: ›Reinigung‹): Abordnungen aus allen griechischen Städten wurden nach Delphi gesandt, um dort zu erfahren, was getan werden müßte, Epidemien oder anderen Heimsuchungen zu entrinnen, die sonst unweigerlich als göttliche Strafen auf absichtlich oder unabsichtlich vergossenes Blut folgten (s. S. 80). Die Verwendung des Wassers – z. B. die Reinigung an der Kastalischen Quelle – blieb Tradition und wurde allmählich mit ›innerer Reinheit‹, ›reinem Gewissen‹ und ›rein im Geiste‹ verbunden.

Dieses Verständnis findet sich auch in einem der frühen pythischen Sprüche wieder. Kallondas, mit dem Spitznamen Korax (griech.: ›Rabe‹), der den großen parischen Dichter Archilochos im 6. Jh. v. Chr. getötet hatte, erhielt die Weisung: »Du hast den Diener der Musen getötet, verlaß den Tempel!« Nur mit Mühe konnte Kallondas die Pythia überzeugen, ihm ein Reinigungsritual zuzugestehen – mit dem Argu-

4 Marmorstatue des Apollon, die lange als Dionysos betrachtet wurde, 340–330 v. Chr. Delphi-Museum

ment, nicht in böser Absicht, nicht meuchlings, sondern in fairem Kampf getötet zu haben. Das Delphische Orakel pflegte die Intention einer Handlung in sein Urteil einzubeziehen (s. S. 80).

Apollon gewährte regelmäßig ›eine zweite Chance‹. Besonders deutlich zeigt sich dies in den pythischen Sprüchen, mit denen verfolgte, gefährdete und benachteiligte Menschen auf Befehl des Gottes an neue Ufer entsandt wurden, um eine neue Stadt und ein neues, ›zweites‹ Leben aufzubauen (s. S. 23 ff.).

Apollon und seine Priester bemühten sich darum, Rachsucht im Privatleben der Menschen, Vergeltung und Grausamkeit als politische Praxis sowie Intoleranz auf religiösem Gebiet zu mildern. Im Kult gab er selbst ein Beispiel der Toleranz, ließ er doch in seinem delphischen Tempel den ihm so diametral entgegengesetzten Dionysos gelten (Abb. 4).

Dionysos (Bakchos, Bacchus), Sohn der thebanischen Königstochter Semele und des olympischen Zeus – der Semele liebte, sie dennoch mit einem Blitz verbrannte und das gemeinsame Kind in seinem Schenkel austrug – wurde aus stiefmütterlichem Haß von der Zeus-Gemahlin

18

Hera mit Mania (griech.: ›Raserei‹, ›Wahnsinn‹) bestraft. Später verehrte man ihn als Gott der Mania – der Inspiration und des Überschwangs aller Lebenskräfte. Dionysos, der – stets begleitet von einem Schwarm rasender Verehrerinnen (Abb. 5), Thyiaden, Mänaden und Bacchantinnen (ein Urphänomen der Massenhysterie?) – den winterlichen Parnassos durchstreifte, wurde schließlich zum Gott des Weines und des Rausches. Durch seine Verwandlungen und Masken sowie die ihm zu Ehren verfaßten Chorlieder, Dithyramben, steht er am Ursprung der griechischen Tragödie und somit des europäischen Theaters.

Während im Mythos der Parnaß als traditionelles ›Hoheitsgebiet‹ des Dionysos gilt, hielt die Altertumswissenschaft ihn lange Zeit für einen spät aus Thrakien oder Asien übernommenen Gott. In Delphi hat er niemals einen eigenen Tempel besessen, kaum ein archäologischer Fund belegt hier seinen Kult. Allerdings wissen wir aus Pausanias' Beschreibungen, daß der Westgiebel des Apollon-Tempels (4. Jh. v. Chr.) Dionysos inmitten seiner Thyiaden zeigte, während am Ostgiebel Apollon und die Musen dargestellt waren. Für das 4. Jh. ist auch die Auffassung belegt, das ›Grab des Dionysos‹ befinde sich im

5   Dionysos inmitten seines Schwarms von Silenen und Mänaden. Weißgrundige Schale des Brygos-Malers, 590–485 v. Chr. Museum antiker Kleinkunst, München

19

Adyton des Apollon-Tempels, und einen attischen Kelchkrater jener Zeit schmückt ein herrliches Vasenbild, auf dem Apollon und Dionysos sich im delphischen Heiligtum die Hände reichen.

Haben die Mythen recht, und war Dionysos seit uralten Zeiten hier zu Hause?

Möglicherweise, denn die bisherigen wissenschaftlichen Erkenntnisse müssen aufgrund neuerer Funde revidiert werden. Dionysos scheint – seit der Entzifferung der Linear-B-Schrift in den 50er Jahren – als ein bereits in mykenischer Zeit bekannter Gott bezeugt zu sein: Sein Name steht auf zwei Täfelchen von Pylos. Darüber hinaus wird ein auf der Insel Kea/Tzia entdecktes Heiligtum aus spätmykenischer Zeit mit ihm in Verbindung gebracht. So lautet die These nicht mehr, die delphische Priesterschaft habe den Dionysos-Kult in Griechenland eingeführt, sondern sie habe ihn wiederbelebt. Wahrscheinlich war Dionysos doch ein Gott, der bereits vor Apollons Zeit auf dem Parnassos umherschweifte, begleitet von fackeltragenden, tanzenden Bacchantinnen.

Auch andere Erinnerungen an Götter und Heroen klingen in Delphi nach. Im Apollon-Tempel stand ein Altar des Poseidon. Von Poseidon heißt es, er sei hier Orakelgott gewesen, habe jedoch später Delphi mit Kalaureia (Poros) oder Tainaron (Südpeloponnes) vertauscht. Auch einen lokalen Kult für den populärsten griechischen Heros, Herakles, gab es hier. Am Giebel des Schatzhauses der Siphnier wird der Konflikt zwischen Herakles und Apollon im Streit um den berühmten Dreifuß gezeigt (Abb. 49; Saal III).

Die Musen, seit alters im Helikon-Gebirge beheimatete Naturgöttinnen, wandelten sich in Töchter des Zeus und der Mnemosyne (griech.: ›Erinnerung‹) und in Begleiterinnen des Apollon. Äpfel, wie sie die Musen Apollon bei seiner Ankunft in Delphi darboten, blieben als Attribute späterer delphischer Zeremonien erhalten. Als Musagetes, Anführer der Musen, war Apollon der poetisch inspirierende Gott, unter dessen Schutz die Dichter standen. Alle griechischen Lyriker, insbesondere in der Blütezeit der Dichtkunst (etwa 700–450 v. Chr.), waren eng mit Delphi verbunden.

Schließlich soll der eiförmige Omphalos ursprünglich selbst ein Orakelstein gewesen sein, den man nach der Zukunft befragte, weil man glaubte, er sei von göttlichen Kräften erfüllt. Später wurde er in den Dienst der Gaia gestellt, dann an ihren Nachfolger Apollon weiter-

6 Der Kalkstein-Omphalos neben dem Schatzhaus der Athener in Delphi

gegeben und als ›Nabel der Welt‹ verstanden. Wie zu fast allen delphischen Relikten existiert auch hierzu eine mythische Erzählung: Zeus, der Göttervater, soll sich eines Tages entschlossen haben, den Mittelpunkt der Welt festzustellen. Er ließ von den beiden Polen des Kosmos zwei Adler aufsteigen, die einander entgegenflogen. Sie trafen sich in Delphi – über dem wie ein Ei geformten Stein, dem Omphalos (griech.: ›Nabel‹). Die ›Narbe‹, die er aufwies, diente den Alten als Beweis dafür, daß Erde und Himmel einst miteinander verwachsen waren.

Der legendäre Steinblock stand, von zwei Goldadlern gekrönt, im Adyton des Apollon-Tempels (das Original ging verloren). Eine Kopie aus hellenistischer Zeit mit der plastischen Wiedergabe des Agrenon – eines netzartigen Gewandes, wie es die Seher trugen – ist im Delphi-Museum (Abb. 58; Saal I) zu sehen. Ein schlichter Kalkstein-Omphalos (Abb. 6) steht heute im Freien neben dem Schatzhaus der Athener. Weihgaben in der Form des Omphalos wurden in allen Jahrhunderten aus unterschiedlichen Rohstoffen wie Gold, Marmor oder Kalkstein

21

gearbeitet. Man schenkte sie dem Delphischen Orakel und trug so zum Erhalt des Mythos bei.

Mehr noch, die damalige Wissenschaft bestätigte die Legende: Der Naturphilosoph Anaximandros aus Milet (611–547 v. Chr.), dessen Weltmodell bis zu Kopernikus bestimmend blieb, zeichnete im 6. Jh. v. Chr. die erste Karte der damals bekannten, bewohnten Welt, der Oikumene. Er sah die Erde bereits als einen frei im Raum schwebenden Körper, allerdings in Form einer Scheibe. Sie war umrahmt vom Fluß Okeanos und trug die Meere und Kontinente. Die einsamen Gebiete der Hyperboreer lagen im Norden, die sonnigen Sandwüsten Ägyptens und Libyens im Süden. Im Osten begrenzten die von den Indern und im Westen die von den Kelten bewohnten Gebiete die Welt. Im Zentrum war Delphi eingezeichnet, mit den Worten des Geographen Strabon: »so wie die Erhebung des Omphalos in der Mitte des Schildes oder der Opferschale liegt«.

Weshalb Delphi, Apollons ›untrügliches Orakel‹, den zahlreichen anderen Orakelstätten* den Rang ablief, ist eine der heute schwer zu beantwortenden Fragen. Die prosaische Erklärung lautet: Delphi lag an der Kreuzung großer Handelsstraßen. Für die Hellenen im Altertum jedoch war die Antwort lapidar: Delphi *war* das Zentrum, der ›Nabel‹ der Welt.

In bestimmter Hinsicht trifft dies gewiß zu: Die Stätte war ein Schmelztiegel, in dem Glaube und Aberglaube, Religiosität, Intrigen, magisches und rationales Denken, alltägliche Sorgen und Weltpolitik zusammenflossen – ein Ausdruck hellenischer Vielschichtigkeit.

Was erwarteten die Menschen vom delphischen Gott?

Sie hofften auf Rat oder auf Zustimmung zu bereits gefaßten Entschlüssen. Er gewährte ihnen beides, sei es durch Spruch- oder sei es durch Losorakel. Die ›Gunst der Götter‹ und die Wahl der richtigen Zeit, des günstigen Augenblicks, waren für ein Unternehmen ausschlaggebend. Fatal, wenn man diesen *Kairos* nicht erkannte. Die Redensart »Die Gelegenheit beim Schopf oder bei der Stirnlocke zu fassen« geht auf den später personifizierten Kairos zurück. Ferner spielte es eine große Rolle, für das eigene Handeln die Verantwortung

---

* Zeus-Orakel von Dodona, Zeus-Ammon-Orakel in Ägypten, die kleinasiatischen Apollon-Orakel in Didyma, Klaros und Patara sowie die Delphi benachbarten Orakel Amphiareion, Ptoion und das Trophonios-Orakel von Lebadeia etc.

zu übernehmen, die der einzelne, nicht zuletzt auch mit Hilfe Delphis, selbst tragen lernte – im Bewußtsein seiner *moira* (griech.: ›Teil‹, ›Tod‹), seines Schicksals, innerhalb der menschlichen Grenzen.

Die Griechen lernten die Orakelsprüche verantwortungsvoll auszulegen, was unabdingbar war, da die pythischen Sprüche gerade wegen ihrer Zweideutigkeit berühmt geworden sind – ihr verdankt der delphische Apollon auch seinen Beinamen Loxias, ›der Schräge‹. Letztlich aber war alles eingebunden in die altgriechische Frömmigkeit. »*Tycha Theon*« schreibt Pindar, »das Gelingen liegt bei den Göttern«.

Was Delphi von anderen Orakelstätten unterschied, waren nicht die Antworten auf private Fragen, sondern die Rolle, die es in der Frühzeit bei der Lösung öffentlicher, ja politischer Probleme spielte. Dies gilt insbesondere für die Zeit der großen Kolonisation (8.–6. Jh. v. Chr.) Die archäologische Forschung des 20. Jhs. hat bestätigt, daß griechische Geschichte von jeher durch Wanderungen und Kolonisationen bestimmt gewesen ist: Die Mykener im zweiten vorchristlichen Jahrtausend, die Ionier und Aioler im 11./10. Jh. v. Chr. trieben Handel im Mittelmeerraum, gründeten Handelsposten und Kolonien – »sie (die Griechen) lernten im Osten und Süden und lehrten im Westen und Norden« (J. Boardman). Die gewaltige, historisch bezeugte Auswanderungswelle, die zwischen 750 und 550 v. Chr. die gesamte griechische Welt ergriff, stand in unmittelbarer Beziehung zu Delphi. Das Orakel diente, für modernes Verständnis kaum faßbar, als eine Art Kolonialamt – die *oikistai* (griech.: ›Gründer‹), die Euboier oder Korinther an neue Ufer führten, wurden meistens von der Pythia für diese ihre religiös-politische Aufgabe ernannt.

Seit dem 9./8. Jh. v. Chr. kamen die um den Korinthischen Golf Wohnenden nach Pytho/Delphi, um den Rat Apollons einzuholen, ihn zu fragen, wohin sie aus ihren übervölkerten, armen Städten, fort von ihrem unfruchtbar gewordenen Boden auswandern sollten. Der Rat, den die Abgesandten von Korinth und Euboia erhielten, muß richtig gewesen sein.

Man kann annehmen, daß die delphischen Priester allmählich weitreichende Kenntnisse des Mittelmeerraumes sammelten, die ihnen frühe Kolonisatoren bei ihren Besuchen in Delphi übermittelten. Die ersten Kolonien wurden im Westen, auf Sizilien und in Unteritalien, gegründet – z. B. Naxos auf Sizilien im Jahre 735 v. Chr. und Syrakus ebendort 734 v. Chr. Etwas später, im 7. Jh. v. Chr., schickten die Insel-

reiche Rhodos (heute Dodekanes), Paros, Thera (beide heute Kykla-
den) und die griechischen Städte Kleinasiens ihre Abgeordneten nach
Delphi, um von Apollon die ›Reiseroute‹ zu erbitten. Neue Poleis
(griech.: ›Stadtstaaten‹), die teils nur Ackerkolonien, Handelsniederlas-
sungen (Emporien) oder Seefahrerhäfen waren, entstanden im Namen
Apollons in allen Teilen der damals bekannten Welt.

Einige der Gründungsorakel sind in Versen überliefert. Sie klingen
wie Legenden, so jene von Gela in Sizilien oder von Phaselis in Kleinasien, beide Tochterstädte von Rhodos, oder jenes von Syrakus, einer
Kolonie der Korinther. Nichts hat die Griechen daran gehindert, die
Sprüche nachträglich zu ›verschönern‹, ohne damit jedoch den histori-
schen Kern in Frage zu stellen. Für Magnesia am Mäander-Fluß (heute
Türkei; Abb. 7) ist z. B. kein ›historisch überzeugendes‹ Gründungsorakel überliefert. Trotzdem schenkten die Magnesier bis in die Spätantike jedem Delphier, der sich bei ihnen niederlassen wollte, ein Dach

7 Die Reste des Artemis-Heiligtums in Magnesia am Mäander, erbaut um
206 v. Chr. an der Stelle eines archaischen Tempels

24

über dem Kopf, Salz, Olivenöl, Essig, Lampenöl, Betten und Decken sowie Tische, um damit Apollon zu ehren und für ihr Gründungsorakel zu danken.*

Das erstaunlichste sich auf die Gründung einer Kolonie beziehende Orakel ist zugleich eines der ältesten – das von Kyrene in Libyen. Delphi hatte den Bewohnern von Thera (später auch Santorin genannt) empfohlen, in Libyen (Nordafrika) eine Kolonie zu gründen. Theras Parteizwistigkeiten und die Trockenheit, die auf der Felseninsel oft jahrelang anhielt, haben mit Sicherheit zu dieser Auswanderung geführt. Das Gründungsorakel von Kyrene verblüfft einerseits durch die Klarheit und Hartnäckigkeit Delphis, andererseits dadurch, daß alle zeitgenössischen Quellen – die Bewohner von Thera und von Kyrene, die Samier und die Kreter –, die von Herodot befragt wurden (s. Kasten), in der Überlieferung der Sprüche fast wörtlich übereinstimmten.

* vgl. H. W. Parke und D. E. W. Wormell. The Delphic Oracle. Oxford 1967, S. 54

Die Gründung von Kyrene in Herodots »Historien«

»Als sich Grinnos, der König von Thera, ein Orakel über ganz andere Dinge sagen ließ, gab ihm die Pythia die Antwort, er solle in Libyen eine Stadt gründen. Darauf antwortete Grinnos: ›Herr, ich bin zu alt und schwerfällig, mich auf den Weg zu machen. Aber fordere doch einen von diesen Jüngeren dazu auf!‹ Während dieser Worte wies er auf Battos. Weiter geschah damals nichts. Nach ihrer Heimkehr ließen sie den Orakelspruch ganz unbeachtet; denn sie wußten nicht, wo in aller Welt Libyen liegt, und wollten es nicht gern wagen, Siedler ins Ungewisse auszusenden.

Nun blieb sieben Jahre lang der Regen in Thera aus. Während dieser Zeit verdorrten alle Bäume auf der Insel mit Ausnahme eines einzigen. Auf ihre Anfrage beim Orakel erinnerte die Pythia sie an die Kolonisation in Libyen. Als sie nun gegen diesen Notstand kein Mittel fanden, schickten sie Boten nach Kreta, die nachfragen sollten, ob vielleicht ein Kreter oder ein Fremder bereits einmal nach Libyen gekommen sei. Die Boten zogen auf der Insel umher und kamen schließlich auch in die Stadt Itanos.

Dort kamen sie mit einem Purpurfischer namens Korobios zusammen. Der sagte, er sei einmal, von Stürmen verschlagen, nach Libyen gelangt, und zwar zu der Insel Platea. Diesem Mann gaben sie Geld und brachten ihn mit nach Thera. Von Thera segelten Kundschafter, anfangs nicht viele, aus. Als Korobios sie nach eben dieser Insel Platea geführt hatte, ließen sie Korobios mit Lebensmitteln für entsprechend viele Monate zurück und segelten eiligst heim nach Thera, um ihren Landsleuten über die Insel Bericht zu erstatten.« (Herodot IV, 150,3–151,3)

Da die Schiffe aus Thera nicht rechtzeitig zurückkehrten, fehlte es dem Korobios in der Zwischenzeit an allem. Er überlebte nur auf Platea, weil ein zufällig landendes samisches Schiff ihm Lebensmittel für ein Jahr überließ.

»(...) Von diesem Unternehmen an wurden die Bewohner von Kyrene und Thera zum ersten mit den Samiern gute Freunde.
    Als die Theraier den Korobios in Platea zurückgelassen hatten und nach Thera heimkehrten, meldeten sie, sie hätten eine Insel an der Küste Libyens besetzt. Die Theraier bestimmten, daß aus allen sieben Gemeinden der Insel immer je einer von zwei Brüdern um die Auswanderung losen sollte. Führer und König der Auswanderer sollte Battos sein. So schickten sie zwei Fünfzigruderer nach Platea.« (Herodot IV, 152,5–153)

Dieser Battos, der einer vornehmen Familie aus Thera entstammte, hatte, so berichten die Kyrenaier, von Geburt an einen Sprachfehler. Aus diesem Grund wollte er bei dem Delphischen Orakel Rat suchen.

»›Battos, zwar kamst du der Stimme wegen, doch Phoibos Apollon
    Sendet dich Libyen zu, dem herdenreichen, als Siedler.‹
(...) Er aber gab zur Antwort: ›Herr, ich kam allerdings zu dir, um dich wegen meiner Stimme um Rat zu fragen. Du aber gibst mir anderes auf, Unmögliches, indem du mich heißt, Libyen zu besiedeln. Mit welcher Macht? Mit welcher Mannschaft?‹ Trotz dieser Antwort konnte er den Gott nicht dazu bringen, ihm einen anderen Spruch zu geben. Als er ihm die gleiche Weissagung wiederholte wie vorher, ging Battos, noch während die Pythia sprach, heim nach Thera.
    Danach traf ihn und die anderen Theraier neuerdings allerlei Unglück. Da sie sich die Ursache der Leiden nicht erklären konn-

26

ten, schickten sie nach Delphi und befragten das Orakel, warum es ihnen augenblicklich so schlecht gehe. Die Pythia erteilte die Antwort: Wenn sie gemeinsam mit Battos Kyrene in Libyen besiedelten, würden sie es wieder besser haben. Darauf entsandten die Theraier Battos mit zwei Fünfzigruderern. Als sie nach Libyen abgesegelt waren und nicht wußten, was sie anders tun sollten, kehrten sie wieder nach Thera zurück. Die Theraier aber schossen nach ihnen, als sie in den Hafen einfuhren, und ließen sie nicht landen; vielmehr befahlen sie ihnen zurückzusegeln. Notgedrungen fuhren sie also wieder ab und besiedelten eine Insel an der libyschen Küste, die, wie oben schon erwähnt, Platea heißt. Diese Insel soll ebenso groß sein wie die jetzige Stadt Kyrene.

Hier wohnten sie zwei Jahre; aber es ging ihnen dort nicht gut. So ließen sie denn einen einzigen aus ihrer Mitte zurück, und alle übrigen fuhren nach Delphi. Dort baten sie das Orakel um einen Spruch und erzählten, sie hätten sich in Libyen angesiedelt, aber es gehe ihnen trotzdem keineswegs besser, obwohl sie dort wohnten. Darauf verkündete ihnen die Pythia folgendes:

›Kennst du bessser als ich, der ich dort war, Libyens Herden:
Dich, der du nicht dort warst, muß ich ob deiner Weisheit bewundern.‹

Als Battos und seine Leute dies hörten, segelten sie wieder zurück; denn offenbar ersparte ihnen der Gott die Ansiedlung nicht, bis sie nach Libyen selbst gekommen seien. Sie landeten auf der Insel, namen die Zurückgelassenen an Bord und siedelten sich auf dem libyschen Festland gegenüber der Insel an. (…)

Zu Lebzeiten des Gründers Battos, der gegen vierzig Jahre herrschte, und auch noch zur Zeit seines Sohnes Arkesilaos, der sechzehn Jahre regierte, blieben die Kyrenaier nur in derselben Zahl, wie sie anfangs in die Kolonie abgesandt worden waren. Aber zur Zeit des dritten Königs, der ›Battos, der Glückliche‹, hieß, veranlaßte die Pythia alle Griechenstädte durch einen Orakelspruch, Mitsiedler der Kyrenaier nach Libyen zu schicken; denn diese hatten zur Aufteilung des Landes aufgerufen. Der Orakelspruch lautete:

›Wer zu spät nach dem vielgepriesenen Libyen hinkommt,
Wenn die Felder verteilt sind, der wird es bitter bereuen.«

(Herodot IV, 155,3–157,3)

Spätestens zwischen dem 8. und dem 6. Jh. v. Chr. festigten Apollon und seine Priester am Abhang des Parnaß die Autorität Delphis. Unter welchen Schwierigkeiten hier die Stätte entstand, in der sich das allen Griechen Gemeinsame artikulieren sollte, ist nicht vollständig geklärt. Ausschlaggebend war auf jeden Fall die Zusammenarbeit mit der Amphiktyonie, jener Vereinigung von zwölf mittel- und nordgriechischen Stämmen und Staaten, die sich den Schutz des delphischen Heiligtums, die Milderung der Kriegsbräuche und die Anordnung der delphischen Spiele zum Ziel gesetzt hatten.

Die Mitgliedstaaten hatten 24 *hieromnemones* (griech.: ›Gesandte‹), die unabhängige Stadt Delphi selbst wurde durch zwei vertreten. Nur wenn ein Stamm oder Staat ausblieb, konnte ein anderer seinen Platz einnehmen. Die Tagungen der Amphiktyonie, auf denen gemeinsame Angelegenheiten diskutiert wurden, fanden einmal im Jahr bei den Thermopylen und einmal in Delphi statt. Die Amphiktyonen (griech.: ›die Umwohnenden‹) hatten sich eidlich verpflichtet, weder im Krieg noch im Frieden eine der dem Bund angeschlossenen Städte zu zerstören oder ihr das Wasser abzugraben. Wenn einer der Staaten diese Gebote verletzen sollte, würden die übrigen Mitglieder gegen ihn zu Felde ziehen, auch würden sie jeden Staat bestrafen, der das delphische Heiligtum zu plündern versuchte. Das Strafgericht der Amphiktyonie traf z. B. das mächtige Krisa (beim heutigen Dorf Chryso), das den – damals ›Krisaiischen‹ genannten – Korinthischen Golf kontrollierte und Durchgangszölle von den Delphi-Pilgern erhob. Gegen Krisa wurde der Erste Heilige Krieg (um 600–590 v. Chr.) geführt, dem noch drei weitere folgten. Stets ging es um die Unabhängigkeit Delphis und um den freien Zugang zum Orakel und den Heiligtümern. Wie Krisa wurde auch die Nachbarstadt Amphissa – weil sie die Apollon geweihte Ebene bebauen wollte – exemplarisch bestraft. Ebenso geschah es den Phokern, die Gold aus Apollons Schatz geraubt und eingeschmolzen hatten: Sie verloren ihren Platz in der Amphiktyonie und mußten das Geld zurückzahlen (Inschriftenstele in Saal VIII des Delphi-Museums).

Die Amphiktyonie, bis zum 4. Jh. v. Chr. unter Vorherrschaft der Thessaler – ohne daß je ein sie begünstigender Orakelspruch ergangen wäre –, war auch für die Pflege und Instandhaltung der Tempel verantwortlich. Aus der reichen Kriegsbeute im bezwungenen Krisa wurden 590/589 v. Chr. die Preise für den traditionellen musischen Wettkampf verteilt, der in jenem Jahr ausnahmsweise als Siegesfeier verstanden wurde.

Die Feiern und Kulte bildeten einen wichtigen Bestandteil des delphischen Lebens. Von den zahlreichen Kolonien in Kleinasien, Sizilien, Süditalien oder der Kyrenaike, deren Gründung und Kulte auf Apollons Weisung zurückgingen, kamen regelmäßig Festgesandtschaften nach Delphi. Während der Zeremonien spürte man die Anwesenheit des Gottes: Selbst die einzelnen Teilnehmer bemühten sich, vor und nach den Feiern Konflikte durch Schiedsspruch beizulegen – wie wir aus Inschriften erfahren –, auch ohne Einmischung der Pythia. Delphi blieb bis an sein Ende der bedeutende diplomatische Treffpunkt, der das Bewußtsein der hellenischen Zusammengehörigkeit erhalten und gefördert hat.

Die starken Bande zwischen Delphi und den fernen Griechenstädten zeigen sich übrigens auch im Ritual. So trat im 5. Jh. v. Chr. kein Gesandter, aus welchem Stadtstaat Siziliens auch immer, eine Reise nach Griechenland an, ohne zuvor an dem Apollon Archegetes geweihten Altar in der frühesten auf Sizilien gegründeten Kolonie Naxos zu opfern.

Welche Beziehung bestand zwischen Delphi und den beiden mächtigsten griechischen Poleis, den ›feindlichen Brüdern‹ Athen und Sparta?

Das Delphische Orakel war besonders einflußreich im peloponnesischen Stadtstaat Sparta. Die sogenannte Lykurgische Verfassung, die seit dem 7. Jh. v. Chr. galt und die strenge, disziplinierte, ›spartanische‹ Lebensweise bestimmte, soll der delphische Apollon dem Lykurgos diktiert haben. Zwei heilige Botschafter, die *pythioi,* reisten regelmäßig von Sparta nach Delphi, um Apollons Rat einzuholen. Gemeinsam mit den Königen hatten sie die Pflicht, die Orakelsprüche zu vollziehen.

Sogar die Institution des Doppel-Königtums in Sparta wird einem pythischen Spruch zugeschrieben: Nachdem König Aristodemos verstorben war, gebar die Königin Zwillingssöhne, verheimlichte aber, welcher der Erstgeborene war. Angesichts der zwei Thronerben empfahl die Pythia, zwei Könige sollten sich fortan die Macht teilen.

Einer der frühesten Orakelsprüche an Sparta besagte, daß nichts anderes als Geldgier Sparta zerstören werde. Der ›spartanisch‹ lebende Stadtstaat besaß weder Gold noch Silber, Münzen waren verboten. An dem plötzlichen Reichtum, den der Sieg im Peloponnesischen Krieg für Sparta bedeutete, ging es in der Tat zugrunde: Der Zusammenbruch des spartanischen Finanzsystems begann, als Lysander 404 v. Chr. die opulente Kriegsbeute aus dem besiegten Athen nach Sparta brachte – und man erinnerte sich des alten Orakels.

Auch in der Geschichte Athens war Delphi gegenwärtig. Der Gesetzgeber Solon (6. Jh. v. Chr.) soll den Ersten Heiligen Krieg veranlaßt haben, um die Freveltaten gegen die Orakelstätte zu ahnden.

Solon ehrte Delphi mit seinen berühmten Gesetzen: Die Archonten, die hohen Staatsbeamten, mußten bei Amtsantritt einen Eid ablegen, der sie verpflichtete, eine lebensgroße Apollon-Statue aus Gold Delphi zu weihen, sollten sie jemals Gesetze verletzen. Ein pythischer Spruch an Athen lautete: »Gesegnet die Stadt, die einem Herold gehorcht« – und Solon deutete den Herold als das Gesetz.

Die delphische Priesterschaft hat das Schicksal Athens auch insofern entscheidend beeinflußt, als sie die Alkmaioniden unterstützte – eine adlige Athener Familie, der Kleisthenes und Perikles entstammten und die als große Gegner des Peisistratos und seiner Söhne im delphischen Exil lebte. Delphi gab den Alkmaioniden den ehrenvollen Auftrag, den 567 v. Chr. zerstörten Apollon-Tempel wieder aufzubauen (Abb. 8); ferner förderte es die Rückkehr der Alkmaioniden nach Athen. Kleisthenes war es, der die demokratische Staatsform ins Leben rief und Athen die erste Verfassung gab, die die Beteiligung der Bürger an allen Staatsangelegenheiten ermöglichte.

Delphis Einfluß beruhte – mit zwei Ausnahmen innerhalb von tausend Jahren, als nämlich zwei Pythien bestochen, bestraft und verjagt wurden – einzig und allein auf seiner geistigen Autorität. Delphi hatte keine ›Macht‹, konnte niemanden ›exkommunizieren‹; wer Apollons Orakel befragte und sich beraten ließ, tat es freiwillig. Und Delphi behielt mit erstaunlicher Konsequenz die jeweiligen Interessen der Stadtstaaten im Auge – zuweilen auch der schwächeren –, entschied manchmal sogar gegen seine traditionellen Freunde. Ein frappantes Beispiel dafür ist ein datiertes Orakel (659 v. Chr.), welches der arkadischen Stadt Phigaleia zu einem Bündnis verhalf und sie so vor der spartanischen Eroberung bewahrte.

Auch während des entscheidenden Abwehrkampfes der Griechen gegen die Perser blieb Delphi ›Hüter‹ der einzelstaatlichen Interessen der Poleis. Argos und Kreta bekamen von Delphi den Rat, sich keines-

8 Apollon-Tempel der Alkmaioniden, um 525 v. Chr. Rekonstruktion

falls gegen die Perser zu stellen. Die Athener erhielten demoralisierende Orakel (s. S. 80 ff.), die sich bewahrheiteten, als Athen durch die Perser in Staub und Asche gelegt wurde.

War Delphi eingeschüchtert durch die persische Übermacht?

Im Jahre 480 v. Chr. gab es Grund genug für Delphi, demoralisiert und pessimistisch zu sein: Eine gewaltige Land- und Seeoffensive der persischen Großmacht unter der Führung des Königs Xerxes – der sich für die persische Niederlage bei Marathon (490 v. Chr.) rächen wollte – rollte über Griechenland und die Ägäis hinweg. Nordgriechenland und Thessalien waren erobert, die Perser standen vor den Toren Athens, Delphi war eingekreist. Delphis Ehrenrettung in dieser überaus kritischen Situation bildete ein alledem vorausgegangener pythischer Spruch, der den Griechen anriet, die Hilfe der Winde, ihrer treuesten Verbündeten, zu erbitten. Und in der Tat wüteten die Nordwinde zugunsten der Griechen und dezimierten die persische Flotte – sowohl bei Kap Artemision (Euboia) als auch bei Salamis.

Die griechischen Stadtstaaten fragten nach ihren Siegen bei Salamis (480 v. Chr.) und Plataiai (479 v. Chr.) in Delphi an, wie sie ihre Dankbarkeit bezeugen könnten. Die Pythia riet ihnen, einen Altar für Zeus ›den Befreier‹ zu errichten. Bevor sie auf ihm zu opfern begännen, sollten die Feuer auf allen Stadtaltären, die die Perser entweiht hätten, gelöscht und aus Delphi reines Feuer herbeigeschafft werden. Euchidas von Plataiai, lorbeerbekränzt, holte das Feuer in seine Heimatstadt, und von dort gelangte die Flamme in die anderen Städte. Die prunkvollen Weihgeschenke (z. B. eine riesige Apollon-Statue mit einem Schiffsschnabel in der Hand für Salamis oder der Goldene Dreifuß, getragen von der Schlangensäule für Plataiai; s. auch S. 113; Abb. 35), die der delphische Gott aus dem Zehnten der persischen Kriegsbeute erhielt, beweisen, daß die Hellenen damals anders dachten als wir heute. Sie verübelten Apollon nicht, daß er sie ihren entscheidenden Abwehrkampf hatte allein durchstehen lassen. Im 5. Jh. v. Chr. konnte Apollon sich ›auf seinen Lorbeeren‹ ausruhen. Die berühmte Pentekontaëtia (479–431 v. Chr.), die 50 Jahre des klassischen oder Perikleischen Zeitalters, boten genügend Anlaß, um Delphi mit üppigen Weihgeschenken zu bedenken.

Nur in Ausnahmefällen hatten delphische Orakelsprüche zu jener Zeit politische Bedeutung. Die ethische Präsenz Apollons hingegen wuchs im 5. und 4. Jh. v. Chr. Mit Apollon Pythios und seinen Orakeln setzten sich zunehmend Dichter und Denker auseinander. Die mythischen Figuren, die Delphi und Theben belebten, wurden in gewaltige Gestalten der Tragödie verwandelt: König Oidipus, seine Mutter/Frau Iokaste, ihre Tochter Antigone, Herakles, Dionysos und seine Bacchantinnen. Die geistige Welt der Griechen richtete ihr Auge auf den Parnassos.

Selbst als der Skeptizismus sich ausbreitete und der Glaube an die olympischen Götter verblaßte, litt, so scheint es, der delphische Apollon noch am wenigsten unter diesem zersetzenden Prozeß. Sokrates, der den Menschen als geistiges und ethisches Wesen in den Mittelpunkt seines Denkens gestellt hat, soll sein ›ausforschendes‹ Fragen infolge eines delphischen Orakels begonnen haben. Als sein Schüler Chairephon von der Pythia wissen wollte, ob unter den Athenern irgend jemand weiser sei als Sokrates, antwortete sie ihm mit Nein, denn niemand habe die Weisheit seines Lehrers. Überrascht hat der Philosoph, der zeitlebens glaubte, die Wahrheit (und Weisheit) nur suchen, aber

32

niemals besitzen zu können, entdecken müssen, daß allzuviele seiner Mitbürger sich im Besitz des Wissens glaubten, wohingegen er wußte, daß er nichts wußte.

Moralisch und politisch wichtig war die Auslegung und Befolgung alter pythischer Orakel nach den Messenischen Kriegen. Als die gegen Sparta revoltierenden Messener sich nach zehnjähriger Belagerung im befestigten Ithome 456 v. Chr. ergeben mußten, verdankten sie ihr Leben einem uralten pythischen Spruch, der empfohlen hatte, ›die Schutzflehenden des Zeus von Ithome‹ freizulassen. Sie wurden weder getötet noch versklavt, was nahegelegen hätte. Ihnen, den Besiegten, wurde von Sparta auferlegt auszuwandern. Sie schlossen sich einer aus mehreren griechischen Stadtstaaten zusammengesetzten Gruppe von Emigranten an, die Thurii (Süditalien) gründeten.

Delphi bemühte sich in jener Zeit konsequent, Kriegshandlungen zwischen den Griechen zu verhindern. Apollons Warnungen richteten sich ebenso an Theben, das gegen Athen zu Felde ziehen wollte, wie an Athen, das beabsichtigte, den Inselstaat Aigina zu erobern. Die Pythia riet den Athenern, eine Menschengeneration abzuwarten, denn erst dann werde es eine günstige Möglichkeit geben. Die Athener befolgten trotz überschäumenden Zornes gegen die Aigineten den Rat, griffen erst 458 v. Chr. Aigina an und errangen den Sieg. Außerdem sollten sie den Gebeinen des aiginetischen Heros Aiakos ein Heiligtum auf der Athener Agora weihen. So entführten sie die Gebeine des Aiakos, ebenso wie die Spartaner vor ihnen – einen Rat der Pythia befolgend – die angeblichen Gebeine des Orestes geraubt hatten. Die Alten schrieben nämlich solchen Reliquien wundertätige Kraft zu. In dieser Ausprägung der Heroenverehrung wurzelt der christliche Reliquienkult.

Ein bedeutendes Ereignis für das Delphi des 4. Jhs. war der Wiederaufbau seines 373 v. Chr. zerstörten Tempels. Wie schon einmal, im 6. Jh. v. Chr., als auch der Pharao Amasis eine große Summe zur Wiedererrichtung des Tempels beisteuerte, bildete sich ein Gremium, das die benötigten Gelder sammelte. Erst unter Alexander dem Großen, im Jahre 330 v. Chr., wurde der Apollon-Tempel, dessen Ruinen man heute sieht (Umschlagvorderseite; Farbabb. 1; Abb. 57) fertiggestellt.

Nach dem Vierten Heiligen Krieg geriet Delphi 346 v. Chr. unter den Einfluß Philipps II. von Makedonien, dessen Gesandte den König persönlich – und nicht die Makedonen – in der Amphiktyonie vertra-

9 Apollon mit Leier, der auf einem geflügelten Dreifuß über das Meer fliegt. Hydria des Berliner Malers, 480–470 v. Chr. Vatikan, Museo Gregoriano Etrusco

ten. In jenem Jahr überredete der Erzfeind Makedoniens, der Athener Rhetor Demosthenes, die Athener zum Boykott der Pythien.

Aber auch hellenistische Monarchen beschenkten Delphi weiterhin. Es blieb eine Prestigefrage, in der heiligen Stätte durch ein reiches Weihgeschenk vertreten zu sein. Sogar Aemilius Paullus, der Römer, der die Griechen 168 v. Chr. in Pydna besiegte, und Mummius, der 146 v. Chr. Korinth dem Erdboden gleichmachte, stellten Denkmäler in Delphi auf.

Anders hingegen verfuhr der römische Feldherr Sulla. Er wünschte seine Feldzüge gegen die griechischen Städte (87–83 v. Chr.) mit Apollons Schätzen zu finanzieren. Sullas Agent in Delphi, ein Phoker namens Karphis, sollte sie zusammentragen, wiegen und abtransportieren. Dieser Karphis nun meldete Sulla, daß Apollons Leier (Abb. 9) im Tempel nachts seltsame Klänge von sich gebe – was als schlechtes Omen angesehen wurde. Der Feldherr aber antwortete, der Gesang der Leier müsse als Ausdruck göttlicher Zustimmung und nicht als Zornesäußerung gedeutet werden. Daraufhin wurden die Schätze auf Maultiere und Esel verladen. Der riesige Silber-Kessel – das berühmte Weihgeschenk des Lyderkönigs Kroisos – mußte sogar zerstückelt werden, weil ein Tier allein, ihn nicht zu tragen vermochte. So hat selbst die Leiermusik Sullas Schatzraub nicht verhindern können, ebensowenig wie den Überfall eines thrakischen Stammes, der Maidi, im Jahre 83 v. Chr., die den Apollon-Tempel in Brand setzten. Damals erlosch das ›nie erlöschende Feuer‹ auf dem ›gemeinsamen Altar von ganz Hellas‹ zum ersten Mal.

Bis zu jenem Tag war der Gott sehr wohl in der Lage gewesen, sein Hab und Gut zu verteidigen. Schon während der Perserkriege (5. Jh. v. Chr.) hatten die Delphier, in Furcht vor dem anrückenden Feind, gefragt, ob sie die Schätze in der Erde vergraben oder in ein anderes Land verlagern sollten. Die Antwort des Gottes lautete damals, daß er selber imstande sei, sein Eigentum zu schützen. Als ein Kontingent persischer Soldaten Delphi erreichte, um die Kostbarkeiten zu plündern und dem Großkönig Xerxes zu überbringen, zuckten Blitze vom Himmel, Bergspitzen des Parnaß stürzten donnernd auf die anziehenden Perser herab, und aus dem Tempel der Athena Pronaia erscholl Kriegsgeschrei und Waffengeklirr.

Das für die Hellenen charakteristische Mythologisieren ihrer jeweiligen Gegenwart zeigte sich auch bei anderen Überfällen: ›Weiße Jungfrauen‹, die sich als Schneeflocken erwiesen, pestbringende Frösche sowie Erdbeben schützten das Heiligtum im 3./2. Jh. v. Chr. vor den – inschriftlich bezeugten – Angriffen der Galater und Kelten.

Delphi und seine Welt lassen sich besser verstehen, wenn man den tiefen Glauben an die Götter und den ebenso starken Aberglauben der alten Griechen in das Bild einbezieht. Riten und Omen, der Vogelflug, ein Blitz, ein Niesen, ein Wiehern der Pferde oder Esel, ein Stolpern oder eine unvorhergesehene Begegnung – ganz zu schweigen von Sonnen- oder Mondfinsternissen – waren göttliche Zeichen. Das alt- und auch neugriechische Wort für Aberglaube, *deisidaimonia,* stammt ab von *deido* (griech.: ›Furcht‹) und *daimon* (griech.: ›das Göttliche‹) und bedeutet nichts anderes als Furcht vor dem Göttlichen.

Plutarch, Schriftsteller und im 2. Jh. n. Chr. Apollon-Priester in Delphi, beklagte den zunehmend privaten Charakter der an das Orakel gerichteten Fragen und trauerte dem vergangenen Ruhm nach. Er, der zu einer Zeit lebte, als der Aberglaube bereits überhand genommen hatte, stellte den *a-theos* (griech.: ›ohne Gott Lebende‹), den Aufgeklärten seiner Zeit, dem *deisidaimon* gegenüber, dem alle Götter fürchtenden, nie zur Ruhe kommenden Abergläubischen. Plutarch meinte, wer nicht das Meer befahre, fürchte sich nicht vor den Wellen, wer nicht in den Krieg ziehe, fürchte nicht die Schlacht, der Arme habe keine Angst vor dem *sykophantes,* dem Verleumder, wer keine hohen Ämter innehabe, fürchte nicht den Neid, der Galater nicht das Erdbeben und der Äthiopier nicht den Blitz. Wer aber die Götter fürchte, zittere vor allem, vor der Erde, dem Meer, dem Erdbeben, der Stille und dem Traum.

Der Zugang zu Glauben und Aberglauben jener Zeit ist uns versperrt, der Schlüssel verloren. Wir sind allein auf Vermutungen angewiesen.

Apollon – Versuch einer ›Biographie‹

Apollon, Sohn des Göttervaters Zeus und der Titanentochter Leto (Abb. 10), wurde auf einer kleinen, steinigen, ›von pfeifenden Winden gerüttelten und dunklen Wellen gepeitschten‹ Insel geboren. Vorausgegangen war die vergebliche Suche Letos nach einem Zufluchtsort, wo sie ihre ›strahlenden Kinder‹ Apollon und Artemis zur Welt bringen konnte. Warum aber gewährten die reichsten und fruchtbarsten Städte und Inseln Leto kein Asyl? Was fürchteten sie? Nur die Rache der eifersüchtigen Zeus-Gemahlin Hera? Wovor zitterten Götter und Menschen, mächtige Städte und sogar die unscheinbare, in der Ägäis treibende Insel, die später als Delos berühmt wurde?

Man fürchtete nicht zuletzt den tollkühnen, verwegenen, vermessenen und hochmütigen (griech.: *atasthalos*) Apollon, und obwohl die Insel »Gerne die Wiege des Schützen, des Herrschers« (»Homerischer Hymnos«, 63) sein wollte, gestand sie Leto ihre großen Bedenken ein:

»Geht doch die Kunde, Apollon (...)
Werde als Herr der Unsterblichen mächtig gebieten, nicht minder
Hier auf der nahrungsspendenden Erde den sterblichen Menschen.
Darum fürcht ich im Herzen schrecklich wie im Gemüte,
Daß er die Insel mißachtet beim ersten Blick auf die Sonne.
Bin ich doch felsiger Boden; da wird mit den Füßen er stampfen,
Bringt mich ins Schaukeln und stößt mich hinein in die Wasser der Salzsee.
Mir umspült dann reichlich das Haupt die ewige Brandung,
Er aber geht in ein anderes Land, wo nach seinem Gefallen
Tempel er findet und Haine voll Bäumen. Doch ich darf Polypen
Schlafgemächer bereiten und Wohnung für schwärzliche Robben;
Keiner sorgt sich darum; es fehlt ja an Leuten des Volkes.«

(»Homerischer Hymnos«, 67–78)

Leto mußte die kleine Insel beschwichtigen und Zeus sie mit Säulen im Meeresgrund befestigen, sie *dele* (griech.: ›sichtbar‹) machen, bis die hochschwangere Leto endlich das Eiland betreten durfte:

37

10 Weihrelief mit Zeus, Leto, Apollon und Artemis (oder – nach Ansicht von L. G. Kahil – mit der Artemis-Priesterin Iphigenie) aus dem Artemis-Heiligtum von Brauron, 4. Jh. v. Chr. Athen, Nationalmuseum

»Um den Palmbaum schlang sie die Arme, sie stemmte die Kniee
Fest in das Polster der Wiese – die Erde unter ihr lachte –
Er aber sprang ans Licht, und die Göttinnen jubelten alle.«

(»Homerischer Hymnos«, 117–119)

Von Anfang an begrüßte man Apollon mit Furcht und Jubel zugleich. Der Jubel galt dem ›Schönsten unter den Unsterblichen‹ (griech.: *athanaton kallistos*), wie ihn Theognis im 6. Jh. v. Chr. nannte, den man bald schon als Schutzherrn der hellenischen Kultur ansehen sollte. Die Furcht galt dem Unbekannten, von dem nur Kunde umging.

Die Herkunft Apollons bleibt für die Altertumsforschung rätselhaft. Lange glaubte man, er sei – wie seine Mutter Leto und seine Schwester Artemis – aus Lykien (Kleinasien) gekommen, bis eine 1974 veröffentlichte Inschrift Wissenschaftlern den Beweis lieferte, daß

38

Apollon kein lykischer Gottesname war. Hatte Apollon Ahnen oder entfernte Verwandte im Osten (im syro-hethitischen Kulturkreis) oder im äußersten Norden, wohin der Gott in jedem Winter zu dem frommen Volk der Hyperboreer zurückkehrte? Oder hatte er Wurzeln im minoischen Kreta? Darauf weist das Schiff hin, das ihn – nach den Worten des »Homerischen Hymnos« – nach Delphi brachte – mit einer kretischen Mannschaft, die Apollon dann zu seinen Priestern auserkor?

Wer einst dem »Homerischen Hymnos an Apollon« lauschte, war unbeschwert von solchen sich widersprechenden Theorien; er freute sich einfach über die Kunststücke des göttlichen Wunderkindes, das sogar die Göttinnen in Erstaunen setzte: Da löste sich der neugeborene, frischgebadete Apollon aus den feinen weißen Windeln, zappelte sich frei aus goldenen Schnüren und Knoten, stärkte sich mit Nektar und Ambrosia und sprach:

»Die Leier sei mir lieb und der gekrümmte Bogen,
Und im Orakel künden will ich den Menschen
Den untrüglichen Ratschluß des Zeus.«

(»Homerischer Hymnos«, 131–132)

11 Ausgrabung des Apollon- und des Artemis-Heiligtums auf Delos

Kaum gesagt, schritt er hinweg mit wallendem Haar und dem silbernen Bogen, eilte durch das Inselmeer und ›ging zu den Männern‹ – ein Vers, der vielleicht einen Hinweis gibt auf moderne wissenschaftliche Schlußfolgerungen. Walter Burkert* leitet den Namen Apollon, in seiner vorhomerischen Form *apellon,* ab von der altgriechischen, in Delphi und Lakonien bezeugten Institution der Jahresversammlungen des Stammes- oder Geschlechterverbandes, *apellai,* bei denen sich auch der Eintritt der Epheben in die Männergesellschaft vollzog.

Leto machte Delos gegenüber ihr Versprechen wahr. Die unfruchtbare kleine Insel erhielt einen prachtvollen Apollon-Tempel, wurde zum panhellenischen Heiligtum, zur See- und Handelsmacht in der Ägäis (Abb. 11). Das frühe, kolossale Kultbild Apollons aus Holz, Gold und Elfenbein (6. Jh. v. Chr.; aus Beschreibungen bekannt) trug in der linken Hand den Bogen und in der rechten die drei Chariten (Grazien), von denen jede ein anderes Musikinstrument in Händen hielt: Lyra, Flöte und Hirtenflöte. Nach Kallimachos von Kyrene (Fragment 114) bedeutete dies, »daß die Gnade des Gottes früher und stärker ist als die vernichtende Macht«. Die jüngste der drei Chariten war Aglaia, die ›Strahlende‹, die ›Glanzspendende‹, die Pindar inspirierte:

»Wir Tagwesen! Was ist einer? Was ist einer nicht?
Eines Schattens Traum ist der Mensch.
Wenn aber von den Göttern her ein Glanz kommt,
dann ist strahlendes Licht bei den Sterblichen und süß das Leben.«

Delos hat allerdings mit seiner Befürchtung recht behalten, Apollon werde fortgehen und andere Landesteile aufsuchen. Die Mythen berichten von unzähligen Orten Kleinasiens, Siziliens und Nordafrikas, an denen er weilte – überall errichtete man ihm zu Ehren Tempel. In Delphi allein aber scheint der Gott Tempel und Haine nach seinem Gefallen gefunden zu haben.

Waren der heitere Insulaner, Apollon Delios, der Delos gewaltlos in Besitz nahm und aus dessen Umgebung man sogar die Gräber entfernte (und auf die Nachbarinsel Rheneia verlagerte), und der strenge Apollon Pythios die einzigen Gesichter des Gottes?

Apollon, »Gott der ethischen Ordnung, der Musik und der Mantik« (»LIMC«), trägt in sich mehr Widersprüche als andere griechische Göt-

---

* vgl. Walter Burkert. Griechische Religion der klassischen und archaischen Epoche. Stuttgart 1977, S. 227

12 Musikalischer Wettstreit zwischen Apollon und Marsyas. Praxiteles-Relief aus Mantineia, Peloponnes, 4. Jh. v. Chr.

ter und Heroen. Bei ihm, dem Gott des Lichts und späterem Sonnengott, gibt es auch Schattenseiten, und diese sind besonders dunkel. In der »Ilias« sendet er mit seinen Pfeilen die Pest, die er andererseits mit seinem Lorbeer heilt. Ihm, der als Epikurios (griech.: ›Helfender‹) verehrt wurde, weihten die dankbaren, von der Pest befreiten Arkadier 430 v. Chr. in Bassai einen der schönsten, bis heute erhaltenen Tempel. Als Niobe, Tochter des Tantalos, sich ihrer sieben Söhne und Töchter rühmte und Leto herabsetzte, die nur zwei Kinder gebar, rächte Apollon unerbittlich diese Hybris: Gemeinsam mit seiner Schwester Artemis tötete er alle Kinder Niobes, bis Zeus sich schließlich der Niobe erbarmte und sie zu Stein erstarren ließ; aus jenem Stein am Berge Sipylos (Kleinasien) tropft, so will es die Legende, bis heute der Tau ihrer Tränen. Den Satyr Marsyas, der geglaubt hatte, Apollon im musikalischen Wettkampf besiegen zu können (Abb. 12), ließ der Gott an einem Baum aufhängen und bei lebendigem Leib die Haut abziehen.

41

13 Apollon Musagetes und Artemis. Zeichnung nach einer Amphore von Melos, Mitte des 7. Jhs. v. Chr. Athen, Nationalmuseum

Wie läßt sich diese Grausamkeit in Einklang bringen mit jenem Apollon, der als Gott von Delphi prinzipiell den Mord verurteilte und den von ihm selbst an Python begangenen Mord sühnte?

Allgemein wurde Apollon als Gott der Musik und der Künste verehrt. Seit Anbeginn war er der Musagetes, der Anführer der Musen, Chariten und Nymphen (Abb. 13). Apollon selbst hatte außer dem gespannten Bogen auch die ›gewölbte Leier‹ in der Hand, als er in duftendem langen Gewand in »Pythos [Delphis] Felsengetürm« erschien (»Homerischer Hymnos«, 182–183).

Eine Paranthese sei erlaubt: Apollons berühmtestes Attribut, die Leier, war ursprünglich eine Erfindung und Besitz seines Halbbruders Hermes. Dieser mit ausgesprochen griechischen Charakterzügen ausgestattete Schutzherr der Hirten und gelegentlich der Diebe, Herolde und Dolmetscher, sowohl göttlicher Bote als auch Geleiter zur Unterwelt, war ebenso wie Apollon ein Wunderkind: Morgens geboren, spielte er bereits mittags die Leier – die er sich aus dem Rücken einer Schildkröte, Halmen, Rindshaut, Querholz und Schafsdarm gebastelt hatte – und stahl abends die Rinder Apollons. Mitten in der Nacht trieb er die Rinderherde von Pierien zur Peloponnes, kroch wieder als

42

Wickelkind in sein Körbchen und leugnete mit List und unter Meineiden seine Untaten. Während der Strafpredigt seines hellsichtigen Bruders Apollon stahl ›Klein-Hermes‹ ihm sogar den Köcher. Göttervater Zeus mußte eingreifen. Zur Versöhnung schenkte Hermes dem erzürnten Apollon die Leier (und erfand für sich die Hirtenflöte). Mit Hermes verband Apollon – wenn man dem »Homerischen Hymnos an Hermes« glauben will – die warmherzigste, zärtlichste und humorvollste Beziehung.

Zurück zu Delphi: Mit der Leier in der Hand wanderte Apollon von Delphi aus weiter zum Olymp, wo er die versammelten Götter mit seiner Musik begeisterte. Im Wechselgesang mit den Musen rühmte er die Geschenke der Unsterblichen und beklagte die Leiden der unwissenden, ohnmächtigen Menschen, die sich weder gegen das Alter noch gegen den Tod wehren können. Eigentlich wird Apollon hier als Rhapsode vorgestellt, als einer jener Wandersänger, die von Ort zu Ort zogen und Hymnen, Epen und mythische Erzählungen vor einem großen Publikum rezitierten.

Seine Nachfahren, die sterblichen Sänger, hatten es allerdings nicht leicht, wenn sie davon künden wollten, wie ihr göttliches Vorbild ›es hielt mit Liebe und Werbung‹. Apollons Liebesbeziehungen waren allesamt bitter und unglücklich. Unerklärlich, warum dieser ausgesprochen schöne Gott so viel Mißgeschick in der Liebe hatte. Eine seiner Leidenschaften galt Daphne, der scheuen Bergnymphe, deren Vater, der Flußgott Peneios, sie in einen Lorbeerbaum verwandelte, um sie vor ihrem Verfolger Apollon zu retten. Als der Gott Daphne umarmen wollte, empfing er statt des jungen Mädchens die Zweige und Blätter des Baumes. Seit damals war der Lorbeer dem Apollon heilig (s. S. 54 ff.). Er nahm teil an allem, was er tat oder was in seinem Namen geschah. Noch heute heißt der Baum auf griechisch *daphne*. Die traurige Legende findet ihr Echo im Namen *pikrodaphni* (griech.: ›bitterer Lorbeer‹), wie man in Griechenland den die Flüsse begleitenden rosa und weiß blühenden Oleanderstrauch nennt.

Berühmt ist auch die Geschichte von Apollon und Kassandra. Aischylos erzählt in seiner Tragödie »Agamemnon«, wie sich Apollons Leidenschaft zu Kassandra entwickelte: Als Apollon sie ›leidenschaftlich und betörend‹ umwarb, versprach sie sich dem Gott; dann aber wurde sie wortbrüchig und entzog sich ihm. Rächend schlug Apollon sie mit der furchtbaren Gabe, Wahrheit zu erkennen und Zukunft vor-

14 Kassandra umfaßt flehend das Kultbild des Apollon. Rotfigurige attische Amphore, um 440 v. Chr. (Ausschnitt). London, British Museum

auszusagen, ohne jemals bei den Menschen Gehör zu finden. Kassandra prophezeite den Fall ihrer Heimatstadt Troja. Vor den Toren der Königsburg von Argos, wohin sie als Geliebte und Kriegsbeute Agamemnons gelangte, sah sie die Tragödie der Atreiden voraus. Den Männern von Argos verkündete sie den Tod Agamemnons durch Klytaimnestras Hand und ihren eigenen Untergang; sie klagt – und klagt Apollon, ihren Zerstörer, an, daß er sie zum zweiten Mal ins Unglück stürze, zum zweiten Mal vernichte (Abb. 14). In der Kassandra-Gestalt hat Aischylos der delphischen Pythia ein literarisches Denkmal gesetzt. Kassandras Visionen sind auf das Vorbild der pythischen Orakelsprüche zurückzuführen.

Apollon begehrte auch Marpessa, die es aber vorzog, ihrem sterblichen Gemahl Idas treu zu bleiben, und erklärte, sie wolle sich nicht mit einem ewig schönen Unsterblichen einlassen. Apollon verurteilte diese vernünftige Frau ausnahmsweise nicht. Grausam dagegen wurde Koronis, eine thessalische Königstochter, vom Gott gestraft. Koronis, die ein Kind von Apollon erwartete, betrog ihn mit Ischys. Nach Hesiod (7. Jh. v. Chr.) strafte der Gott zunächst den Vogel, der ihm die böse Nachricht überbracht hatte, und färbte seine weißen Federn schwarz (es ist die Rabenkrähe, Corvus c. corone, deren Name bis heute an Koronis erinnert). Dann schickte Apollon seine Schwester Artemis aus, die die untreue Geliebte mit ihrem Pfeil tötete. Nach

44

15 Der schwarze Vogel neben Apollon erinnert an den Mythos um die Liebe des Gottes zu Koronis. Weiße attische Schale, 480–470 v.Chr. Delphi-Museum

Pindar (522–448 v.Chr.) sollte Koronis zur Strafe verbrannt werden. In dem Augenblick, als ihr Körper von den Flammen verzehrt wurde, griff Apollon ein und rettete das ungeborene Kind. Dieser Sohn, Asklepios, wurde zum berühmten Heilgott, auf den sich die Asklepiaden zurückführten, das Ärztegeschlecht der Insel Kos, aus dem auch Hippokrates stammte. Im Saal des Wagenlenkers im Delphi-Museum kann man auf einer schönen weißen attischen Schale (480 v.Chr.) Apollon und seinen ›Unglücksraben‹ betrachten (Abb. 15). Der Vogel soll Apollon in Delphi die Nachricht von der Untreue der thessalischen Königstochter überbracht haben. Dies ist die einzige Überlieferung, die Apollon als Gott von Delphi eine Liebesbeziehung zuschreibt. Am Abhang des Parnaß scheint er asketisch und einsam gelebt zu haben; sogar seine Zwillingsschwester Artemis und seine Mutter Leto traten hier in den Hintergrund, begleiteten ihn nur selten.

Ebenso widersprüchlich wie die literarischen Quellen haben die bildenden Künstler Griechenlands Apollon dargestellt. Zunächst schufen Erzgießer im 8./7. Jh. v. Chr. einen Kämpfer, manchmal behelmt und lanzeschwingend, oder einen nackten Bogenschützen mit langem, wallendem Haar (Abb. 16). Beinahe gleichzeitig stellten sie Apollon als Leierspieler dar. Seit dem 6. Jh. v. Chr. gewann dieses musische Element zunehmend an Bedeutung. Bis in die hellenistische Zeit werden Darstellungen des nackten oder des halbnackten, lorbeerbekränzten, die Lyra oder Kithara haltenden Apollon in Bronze gegossen oder in Marmor geschlagen. Bereits im 6. Jh. v. Chr. wurde die Waffe durch die Libationsschale ersetzt und somit die göttliche Erscheinung wesentlich verändert. Apollon Daphnephoros – d. h. der ›den Lorbeer tragende‹ Gott –, der nach dem Python-Mord selbst den reinigenden Lorbeer nach Delphi brachte – wurde als Entsühner und wahrsagender Gott dargestellt. Auf Vasenbildern, Münzen, Gemmen, Siegelabdrücken und Marmorreliefs ist Apollon zu sehen, wie er seine siebensaitige Lyra spielt, begleitet von Musen in langen Gewändern und Nymphen in kurzen Chitonen. Vasenbilder zeigen als Hintergrund häufig Landschaft, in der Apollon und die Musen leben. Die Begegnung von Apollon und Dionysos wird in der Vasenmalerei des späten 5. und 4. Jhs. v. Chr. populär. Der Ort des Zusammentreffens ist dabei durch den Omphalos oder eine Säule mit Dreifuß eindeutig als Apollon-Heiligtum bezeichnet. Vereinzelt existieren Bildnisse Apollons als nackter Jäger, der durch die Wälder schreitet, begleitet von Hund oder Löwen (Abb. 42), von einem Rebhuhn, einem Hasen oder von Schwänen. Die attischen Vasenmaler ließen sich während eines ganzen Jahrhunderts von Apollons unerwiderten Leidenschaften inspirieren. Sehr viele Vasen – ausschließlich des 5. Jhs. v. Chr. – sind mit Verfolgungsszenen

16 Apollon Mantiklos. Bronzestatuette, frühes 7. Jh. v. Chr. Boston, Museum of ▷ Fine Arts

46

geschmückt. Während die Mädchen anonym bleiben, wird der sie verfolgende Gott durch den Lorbeerzweig, durch den aus Lorbeerblättern geflochtenen Kranz oder durch den Bogen charakterisiert.

Die ›Biographie‹ des Apollon ist voller Widersprüche, auch was sein erstes Auftreten in Delphi anbelangt: So erscheint er einmal (s. S. 42 f.) als wandernder Sänger mit der gewölbten Leier auf dem Weg zum Olymp, ein anderes Mal trifft er, Furcht erregend, an Bord eines kretischen Schiffes beim heutigen Itea ein:

»Fort aus dem Schiffe nun stürmte der Herrscher Apollon, der Schirmherr;
Gleich einem Stern, der am Mittag erstrahlt, entsprühten ihm zahllos
Funken; sein Glänzen erreichte den Himmel. Was nie noch betreten.
Das nun betrat er; am Wege stand Dreifuß bei kostbarem Dreifuß.
Hier nun entbrennt er die Flamme, gibt Zeichen mit seinen Geschossen –
Glanz umflutet ganz Krisa. Da gellten erschütternde Rufe,
Krisas Ehefrauen und schön gegürtete Töchter
Schrieen beim Schlage des Phoibos; so schrecklich macht jeden er fürchten.
Er aber sprang darauf im Flug wie ein rascher Gedanke
Wieder zum Schiff in Gestalt eines Jünglings in frühesten Jahren,
Kräftig und frisch, um die breiten Schultern flattern die Haare.«

(»Homerischer Hymnos«, 440–450)

Dem Bild des Gottes, wie es hier gegeben wird, entsprechen Grabungsbefunde. Archäologen, die in älteren Schichten nur weibliche Votivstatuetten entdeckt hatten, fanden in Delphi und Umgebung Weihgaben aus dem 8. und 7. Jh. v. Chr., die Bronzejünglinge mit breiten Schultern, schmaler Taille und bis zu den Schultern reichenden Locken darstellten (Abb. 17). Offenbar wird der Neuankömmling hier als ungestümer, lockiger Knabe aufgefaßt, der mit seinem Pfeil und Bogen Python, den Wächter des Erdheiligtums, tötete, bevor er Pytho/Delphi in Besitz nahm. Die Bronzestatuetten betrachtend, denkt man unwillkürlich an den *atasthalon* (s. S. 37 f.), jenen Apollon, vor dem sich Delos und andere Städte gefürchtet hatten – an den tollkühnen, unbesonnenen jungen Gott.

War gerade diese jugendliche Unbekümmertheit der Antrieb für ein neues Denken?

Erstaunlich ist, wie der unbekümmerte Apollon selbst sich verwandelte, heranreifte und in Delphi zum Gott des Geistes und der Harmonie wurde. Seit seiner Ankunft in Delphi scheint Apollon sich selbst

48

17 Kuros, bekannt als Halsband-
Apollon. Bronze, um 530 v.Chr.
Delphi-Museum

erzogen zu haben. Seine Orakelsprüche regten zunehmend zur Beson-
nenheit, zur Humanität an, obwohl er seine hochmütige Seite, mit dem
Wort *atasthalos* ebenfalls zum Ausdruck gebracht, nie ganz ablegte.
Manche Orakelsprüche (z. B. an Sparta bezüglich Arkadiens oder an
die Bewohner von Aigion; s. S. 75, 73) belegen, daß er menschlicher
Überheblichkeit mit göttlicher Arroganz begegnete.

Wie dem auch sei, der delphische Apollon hat den Griechen jene Hilfe gegeben, die sie benötigten, um ihre Talente zu entwickeln und ihre Chancen wahrzunehmen, und zwar im richtigen Kairos, im günstigen Augenblick.

Apollons Ankunft in Delphi stimmt zeitlich überein mit einem Zusammenbruch alter Bindungen und Ordnungen in der hellenischen Welt. Starke soziale Spannungen und Umwälzungen kennzeichnen die archaische Zeit (8.-6. Jh. v. Chr.). ›Ratlosigkeit‹ und ›Gefahr‹ sind Begriffe, die damals auffallend oft geäußert wurden. Der Dichter Alkaios sagt (6. Jh. v. Chr.): »Unerträgliche Last ist die Armut; sie knechtet das große Volk mit der Ratlosigkeit, ihrer grausamen Schwester im Bund (...).« Dieser Ratlosigkeit begegnete Apollon. Sein Bild und Vorbild, seine Orakelsprüche gaben den Griechen das Vertrauen und den Rückhalt, sich in neue Bereiche der Selbsterkenntnis und der Welterkenntnis vorzuwagen.

Die ungeschriebene Maxime von Delphi war wohl, daß der Mensch immer die Möglichkeit haben sollte, neu anzufangen im Bewußtsein seiner zeitlichen Grenzen. In diesem Zusammenhang sind auch die Sprüche in der Vorhalle des Apollon-Tempels zu verstehen: ΓΝΩΘΙ ΣΕΑΥΤΟΝ (gnothi seauton; griech.: ›Erkenne Dich selbst‹) und ΜΗΔΕΝ ΑΓΑΝ (meden agan; griech.: ›Nichts im Übermaß‹).

Indem Apollon selbst den Mord an Python sühnte, gab er ein Beispiel, später forderten zahllose delphische Orakelsprüche zur Reinigung und Sühne auf; gleichzeitig bestätigten Apollon und seine Priesterschaft mehrfach, daß auch die Schuld mit ihren entsetzlichen Folgen zu meistern ist und ein neues, menschenwürdigeres Leben beginnen kann: Durch Apollons Intervention wurde die ›Erbschuld‹ der Atreiden, die fatale Kette aufeinanderfolgender Morde, gebrochen: Orestes fand im Apollon-Tempel von Delphi nicht nur die kultische Reinigung (durch Lorbeerzweig und Wasserbesprengung, Ferkelblut, wie sie auf Vasen dargestellt ist; Abb. 32). Ihn, den Muttermörder, der den Mord an seinem königlichen Vater Agamemnon durch Klytaimnestra rächte, verwies Apollon an das Höchste Gericht. In Athen trat der Areopag zum ersten Mal zusammen; mit Apollon als Verteidiger wurde Orestes freigesprochen. Die Erinnyen, die Rachegöttinnen, wurden gezähmt. So schildert Aischylos in seinen Tragödien »Choephoren« und »Eumeniden« die mythische Entwicklung; dies ist sein Bild von der Rolle des delphischen Gottes.

Wie aber vollzog sich die Entwicklung tatsächlich?

Bluttaten waren zu Beginn des ersten vorchristlichen Jahrtausends noch eine Angelegenheit des Genos, der Sippe. Mord wurde durch Mord vergolten – oder durch eine andere von den Sippenmitgliedern ausgehandelte Regelung. Zu den großartigen Errungenschaften der hellenischen Stadtstaaten gehören von Bürgern eingesetzte Gerichte und Gesetze, um die Hybris (griech.: ›Willkür‹, ›Macht des Stärkeren‹) zugunsten der Gerechtigkeit zu überwinden – hierfür erhielt Apollon Pythios den Kredit. Dichter und Philosophen verehrten ihn als Schutzpatron des kollektiven und individuellen moralischen Bewußtseins.

Wie sah der delphische Gott aus? Wie stellten ihn die alten Griechen sich vor?

Alle großen Kult- und Standbilder Apollons in Delphi sind geraubt, eingeschmolzen, zerstört worden. Im Museum von Delphi (Saal V) wirkt das brandgeschwärzte Elfenbeingesicht Apollons fremdartig und verschlossen (Farbabb. 14). Die schöne Marmorskulptur aus dem 4. Jh. v. Chr. (Abb. 4; Saal VIII), lange als Dionysos bezeichnet, gilt jetzt zwar als Apollon, zeigt jedoch seine zarte, sensible Seite – Apollon, den Anführer der Musen. Zweifelsohne ist die marmorne Gestalt Apollons vom Westgiebel des Zeus-Tempels in Olympia (Olympia-Museum; Abb. 18) das schönste Beispiel aus frühklassischer Zeit: Hier steht Apollon Pythios, ruhegebietend mitten im Chaos hellenischer Kämpfe, Emotionen und Leidenschaften, hoch über den sich bekämpfenden Lapithen und Kentauren. Dieser Apollon wirkt entrückt und distanziert – und doch segnet, schützt und beschwichtigt er mit der erhobenen Hand die Lapithen. Neben der Darstellung in Olympia gewinnt man, glaube ich, ein eindrucksvolles Bild des delphischen Gottes im Museum von Piräus. Hier steht die älteste monumentale Bronzestatue (530 v. Chr.; Farbabb. 11), die auf griechischem Boden erhalten ist. Sie stellt Apollon dar, wie er souverän, mit leicht geneigtem Oberkörper und vorgestreckten Armen Weihgeschenke entgegennimmt. Der nachdenklich konzentrierte Ausdruck, die innere Kraft, das angedeutete Lächeln zeigen Apollon, wie er in Delphi geworden ist – jenen Gott, der zu ethischem Handeln erzog, der zum Nachdenken anregte, der oft genug den Mißhandelten beistand und der in den letzten Jahren des dritten vorchristlichen Jahrhunderts Sklaven und Sklavinnen in seinem Namen freikaufen ließ. Diese Statue wirkt überzeugend als Sinn-

18 Apollon, der Ruhe gebietet im Kampf zwischen Lapithen und Kentauren. Westgiebel des Zeus-Tempels von Olympia, Anfang des 5. Jhs. v. Chr. Olympia-Museum

bild für den Stifter eines vorchristlichen Kultes, der Gerechtigkeit und Barmherzigkeit vertrat – für den delphischen Gott, der am Abhang des Parnassos eigene Wege ging, der von Fall zu Fall scheinbar zufällig entschied, im Grunde aber folgerichtig Toleranz und die Freiheit des Menschen verkündete, sich selbst zu entscheiden. Dieser Apollon und weitere vier Bronzestatuen wären im 2. Jh. v. Chr. vom römischen Feldherrn Sulla (s. auch S. 35) nach Rom transportiert worden, hätte nicht ein großer Brand in Piräus den Kunstraub vereitelt. Zufällig wurden die verpackten Statuen 1959 bei Kanalisationsarbeiten gefunden.

Die Römer latinisierten den olympischen ›Zwölfgötterstaat‹. Zeus wurde zu Iupiter, Hera zu Iuno, Aphrodite zu Venus, Ares zu Mars, Artemis zu Diana, Poseidon zu Neptunus, Athena zu Minerva, Hermes zu Merkurius, Hestia zu Vesta, Hephaistos zu Vulkanus, Demeter zu Ceres und Dionysos zu Bacchus. Apollon allein sollte nie anders als Apollon heißen. Er wurde als der »griechischste Gott« (W. F. Otto) bezeichnet und starb gleichzeitig mit der griechischen Kultur. Er ist der einzige Gott in den Weltreligionen, der gewissermaßen ›abdankt‹ und seinen eigenen Nekrolog formuliert. Dieser ist im Orakelspruch enthalten, den der Gesandte von Kaiser Iulian Apostata (griech.: ›der Abtrünnige‹) in Delphi empfing. Iulian, der an den Athener Philosophenschulen studiert hatte, wollte als Kaiser (361–363 n. Chr.) des Oströmischen, Byzantinischen Reiches den Glauben an die alten Götter wiederbeleben. Die Priesterschaft indes antwortete seinem Boten, dem Arzt Oreibasios:

»Saget dem Herrscher, zerstört liegt die kunstgesegnete Stätte,
Phoibos besitzt kein Dach mehr und keinen prophetischen Lorbeer;
Verstummt ist der sprechende Quell, es schweigt das murmelnde Wasser.«

Die Pflanzen des Apollon

In der griechischen Mythologie wird jeder olympische Gott mit einem Baum, einem Strauch oder einer Blume verbunden. So waren z. B. Athena der Ölbaum, dem Göttervater Zeus die Eiche (gelegentlich der Ölbaum), Hera der Keuschlammstrauch, Aphrodite die Myrte, Dionysos Weinrebe oder Efeu und Apollon der Lorbeer heilig.

Zwar ist nicht Delphi der Ort, an dem die Nymphe Daphne von ihrem Vater in einen Lorbeerbaum (griech.: *daphne;* s. S. 43) verwandelt wurde, um sie so dem Begehren Apollons zu entziehen, sondern das Tempe-Tal. Auch wurde Apollon nicht in Delphi unter dem Beinamen Daphnephoros (griech.: der ›Lorbeertragende‹) verehrt, vielmehr standen die dem Apollon Daphnephoros geweihten Tempel u. a. in Eretria (Euboia) und an der Heiligen Straße von Athen nach Eleusis, dort, wo heute noch der Name des Klosters Daphni an den lorbeertragenden Gott erinnert. Dennoch war *daphne* (Laurus nobilis L., ›Edler Lorbeer‹) im Altertum Wahrzeichen Delphis, seines Gottes und seiner Orakelstätte.

Delphi stand von Anbeginn im Schatten des Lorbeerbaums. Apollons erste Prophezeiungen sollen durch ›das Rauschen des Lorbeers‹ übermittelt oder inspiriert worden sein; Apollon reinigte und heilte durch den Lorbeer, und einer seiner mythischen Tempel bestand aus Lorbeerzweigen. Python, der Verteidiger vorausgegangener Gottheiten (s. S. 17), lag im Gesträuch dichten Lorbeers. Die Pythia hielt weissagend einen Zweig von Apollons heiligem Lorbeerbaum, der im Tempel wuchs – ja, sie schlief sogar auf Lorbeerzweigen. Lorbeerholz wurde auf dem Altar im Inneren des Apollon-Tempels verbrannt und wie Weihrauch verwendet. Priester, Pilger und die Sieger bei den Pythien (s. S. 88 ff.) trugen aus Lorbeerzweigen geflochtene Kränze. Tempel und Statuen waren mit Lorbeergirlanden geschmückt, und sogar der Tempelvorplatz wurde mit Lorbeerbesen gefegt.

Aus Lore Rümelins ausgezeichneter Arbeit »Bäume waren die ersten Tempel der Götter« sind weitere Bemerkungen über den Lorbeer entnommen:

»(...) Die Auswanderer nahmen einen Lorbeerzweig mit, wenn sie Apollon als Hauptgott verehrten, um ihn am neuen Ort einzupflanzen. Ohne den Baum, in dem der Gott anwesend war, konnte gar kein neuer Tempel gebaut werden (...), er [der Lorbeer] stärkte ihre [der Seher] Kraft zu schauen, was gewesen, zu deuten, was ist, und zu enthüllen, was sein wird (...) Weil die Dichter ursprünglich auch Seher waren, Sangespropheten, wie Pindar sagt, nahmen sie beim Rezitieren den Lorbeerstab in die Hand und hießen wahrscheinlich daher Rhapsoden [griech.: *rabdos* ›Stab‹] (...) Wenn der Priester in Delphi ein frisches Opferfeuer entzünden mußte, dann durfte er nur glückliche Hölzer verwenden. Lorbeerholz war rein, glücklich und heiß. Es war, wie die Hirten sagten, vom Feuer bewohnt, das aus dem Lorbeer hervorschoß, wenn man ihn als Feuerbohrer benutzte und eine Zeitlang rieb (...) Ebenso vertraut wie der Sprengwedel, der im Weihwasserbecken vor der Tempeltür lag und ein reiner Lorbeerzweig sein mußte, war den Alten der Lorbeerbesen, mit dem Tempel und Opferaltar, Haus, Herd und Viehstall gesäubert werden mußten, bevor sie geweiht werden konnten. So fegt bei Euripides der Tempeldiener Ion, Apollons Sohn, den Pronaos des delphischen Heiligtums ›mit dem Besen aus grünenden Zweigen, frisch entsprossen dem schönsten Lorbeer im ewig blühenden Hain des Gottes‹ (...) Als Apollon den alten Götterarzt Paieon oder Paian ablöste und Herr der Heilkunst wurde, der mit seinem Pfeil Seuchen sendet, die sein Lorbeer aber auch heilt (...), da wurde der Baum allmählich zur Panazee, zum Allheilmittel, das von allen Krankheiten reinigt und Übel jeglicher Art vertreibt. Daran zweifelten nicht einmal skeptische Ärzte, die olympischer Hilfe mißtrauten (...) Darauf bezog sich die Sitte, Lorbeerblätter unter das Backwerk zu mischen oder sie nach einer Mahlzeit zu kauen. Sie sollten helfen, schädliche Stoffe auszuscheiden (...) Als Phylakterion (Schutz- oder Abwehrmittel) schützte der Lorbeer vor Ansteckungsgefahr bei Epidemien, bewahrte vor Neidzauber oder bösem Blick, sicherte Saat und Getreide vor Mehltau, Rost oder Brand, neutralisierte das Gift in verdorbenen Speisen, und an die Tür gehängt, sollte ein Lorbeerkranz den Daimonen, der Epilepsie und der Pest den Eintritt ins Haus verwehren (...).« (Lore Rümelin)

55

Delphi hatte jahrhundertelang den größten Lorbeerverbrauch* in der hellenischen Welt. Der Bedarf stieg im Laufe der Zeit ins Sagenhafte, wie man den Inschriften entnehmen kann, die den Einkauf von Lorbeer verzeichnen. Vom heiligen Lorbeerbaum im Inneren des Tempels schnitt man nur ausnahmsweise Zweige ab, um Pilgern eine besondere Ehre zu erweisen. Bemerkenswert ist, daß zwar Dichter und Propheten seit dem 5. Jh. v. Chr. Lorbeerblätter als inspirierendes Mittel zu kauen pflegten, der Pythia dies aber erst seit dem zweiten vorchristlichen Jahrhundert zugeschrieben wird. Die Popularität des Lorbeers erreichte im 5. Jh. v. Chr. ihren Höhepunkt. Verkäufer von Lorbeerkränzen, -zweigen und -girlanden betrieben blühende Geschäfte an den Zugängen des delphischen Heiligtums. Kein Wunder, daß Aristophanes Apollon ironisch Daphnepolos, ›Lorbeerverkäufer‹, nannte und daß Euripides folgende Verse dichtete: »Der gute Mensch wird oft dem Lorbeer gram, weil man zu sehr ihn lobt.«

Seit Anbeginn wird Apollon auf Vasenbildern, Statuen, Reliefs und Münzen durch den Lorbeer charakterisiert. Der Gott hält den Zweig in der Hand, sitzt auf dem Lorbeerstamm, und meistens trägt er einen Lorbeerkranz im Haar. Eine der Ausnahmen, die Apollon mit einer anderen identifzierbaren Pflanze zeigen, sieht man im Saal des Wagenlenkers (Saal XII): Auf der attischen Schale sitzt der Gott mit Myrten bekränzt gegenüber seinem ›Unglücksraben‹ (s. S. 44 ff.; Abb. 15).

Unter den Blumen und Bäumen, die wunderschöne altgriechische Legenden mit Apollon in Verbindung bringen – wie *hyakinthos* (daher: Hyazinthe?), *narkissos* (daher: Narzisse) und *kyparissos* (daher: Zypresse) –, soll hier ausführlicher über *kyparissos* berichtet werden, weil die ›ewig trauernden‹ Zypressen noch heute die delphische Landschaft prägen. Auch lag Homers zypressenreiche Stadt Kyparissos, deren Männer am Trojanischen Krieg teilnahmen, in der Nähe Delphis und zwar südöstlich von Arachova, im Bereich der heutigen Ortschaften Antikyra (das antike Antikyrrha) und Aspra Spitia. Kyparissos ist ein schönes Beispiel dafür, wie Jahrhunderte später römische Dichter, insbesondere Ovid, sich durch altgriechische Mythen inspirieren ließen.

---

* Heute dient der Lorbeer nur mehr profanen Zwecken, ist unentbehrlich für griechische Linsensuppe und Fischgerichte, aus den Lorbeerfrüchten wird noch immer Öl hergestellt – verwendet gegen Haarausfall und Insektenstiche.

56

»Zu den Lieblingen Apollons gehört Kyparissos, des Telephos Sohn, der auf der Insel Keos zu Hause war. In zärtlicher Freundschaft mit einem den Nymphen geweihten zahmen Hirsch verbunden, sah man den Knaben und das edle Tier täglich beisammen. Eines Tages, als Apollon mit Kyparissos in den Wäldern jagte, ruhte der Hirsch, Kühlung atmend, im Schatten der Bäume. Da traf der Jüngling ihn aus Versehen so unglücklich mit dem Speer, daß das Tier an der Wunde verblutete. Untröstlich flehte Kyparissos um eine letzte Gunst: der Gott möge ihm gewähren, dem Hirsch im Tode zu folgen. ›Als er vom endlosen Weinen erschöpft war, fingen die Glieder an, sich wandelnd grün zu färben; sein Haar, das einst an der schneeigen Stirn herabhing, sträubte sich bald und erstarrte allmählich zu struppigem Laubwerk, hoch in den Sternenhimmel empor sich verjüngend zum schmalen Wipfel.‹ Schmerzvoll seufzte Apollon und sprach: ›dich will ich betrauern stets, so betraure du andre und sei den Bekümmerten nah‹ (Ovid, »Metamorphosen« X, 109 ff.).

Seit damals stehen schwermütig dunkle Säulenzypressen auf allen Friedhöfen zum Zeichen ewiger Trauer, und die römischen Dichter sehen sie als Gleichnis der Vergänglichkeit, düstere Flammen (Ovid, Vergil), auf denen das Auge dessen, den Todesgedanken bewegen, nur ungern verweilt (Horaz).« (Lore Rümelin)

Eine bronzene Palme, die eine goldene Athena-Statue trug, überbrachten die Athener nach dem Sieg Kimons über die persische Flotte (470 v. Chr.) als Weihgeschenk Delphi. Diese – verlorengegangene – Palme allein erinnerte am Parnaß an den Baum, unter welchem Apollon auf Delos geboren war (die Basis dieses Denkmals wurde kürzlich am nordöstlichen Vorplatz des Apollon-Tempels identifiziert).

»Die Dattelpalme, griechisch *phoenix*, ist, wie man aus dieser Bezeichnung schließt, aus Phönizien nach Hellas gewandert. Mit Apollon war der Baum seit seiner Geburt auf Delos verbunden, wo Leto im Schatten einer Palme das göttliche Zwillingspaar, Apollon und Artemis, zur Welt brachte (…). Es gibt auch in Delphi eine Beziehung zwischen Lorbeer und Palme (…). Heute steht dort, wo Ion ›im ewig blühenden Hain‹ des Gottes Lorbeerzweige schnitt, eine kleine Kirche, und neben ihr wächst ein Lorbeerbaum, mit dessen Laub sie am Palmsonntag geschmückt wird. Dies geschieht überall, wo es der Palme in Hellas zu kalt ist.

Im 9. Jh. hat die byzantinische Kirche den alten Brauch wieder zugelassen, den die Kirchenväter vergeblich bekämpften, nach dem Gottes-
dienst in der Osternacht einzelne Blätter oder Sträuße vom heidnischen Lorbeer an die Gläubigen auszuteilen. Kleine symbolische Besen
(...), die mancher Christ als Talisman in seinen Blumentopf steckt, um
sie zu Bäumchen heranwachsen zu lassen.« (Lore Rümelin)

Obwohl mehrere Pflanzen in Beziehung zu Apollon standen, war es
der delphische Lorbeer, der sie alle an Bedeutung übertraf.

Das Orakel

Wie vollzog sich das Orakel?

Nach den Wintermonaten, die Apollon – so will es die mythische Tradition – stets bei den Hyperboreern verbrachte, einem legendären Volk im Norden, am Rande der Erde, kehrte er jedes Jahr im Frühling nach Delphi zurück (Abb. 19). Vasenmaler stellten seinen Einzug in die Orakelstätte auf einem von Schwänen gezogenen Wagen dar, und Kallimachos von Kyrene besang diese Szene:

»(...) Wenn der [Dichter] den Bogen besingt und die tönende Leier des Gottes
Bebend der Lorbeer, sich neigend die Palme, der singende
Schwan, und die Schwelle rauscht schon, von dem, der erst
Eintreffen wird, davon wankt der ganze Tempel und dann krachen
Sie auf, die Riegel und Tore, und darauf antworten Tanz und Gesang (...).«

19 Dionysos empfängt
Apollon bei dessen
Rückkehr von den
Hyperboreern.
Kelchkrater des
Kadmos-Malers,
um 425 v. Chr.
Leningrad,
Ermitage

Ursprünglich konnte das Orakel nur einmal in jedem Jahr angerufen werden – am siebten Tag des Monats Bysios, dem Geburtstag Apollons im März. Später ermöglichte man die Befragung, wenn der Gott in Delphi weilte, auch an den siebten Tagen anderer Monate und schließlich, als der Andrang der Ratsuchenden zu groß wurde, auch an weiteren Tagen. Ausgenommen blieben stets die Tage, an denen die Omen ungünstig standen, der Gott also nicht gewillt war zu antworten.

Ein Baum, der Lorbeer, ein Gegenstand, der Dreifuß, und eine Frau, die Pythia, blieben durch die Jahrhunderte unentbehrliche Elemente der Orakelbefragung.

Viele Bildnisse zeigen Apollon auf dem Dreifuß sitzend. Dreifüßige, große Bronzekessel, *lebes* (Delphi-Museum; Saal I), entwickelten sich in Hellas zwischen 1000 und 750 v. Chr. – Gebrauchsgegenstände, von denen man bis heute nicht weiß, weshalb gerade sie zum Orakelsymbol wurden (Abb. 20; s. auch S. 184 f.). Eine geläufige Redensart lautete *apo tripodos* (griech.: ›vom Dreifuß her‹) und bedeutete, ›ich habe die Nachricht aus guter Quelle‹. Durch den Dreifuß vermittelte Apollon seine

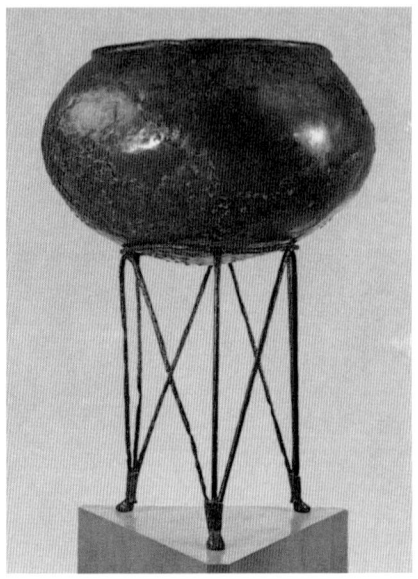

20 Bronzekessel auf einem aus Eisenstäben gefertigtem Dreifuß. 7. Jh. v. Chr. Delphi-Museum

60

prophetische Kraft an die Pythia, die sich entweder auf den Dreifuß setzte, um von dort den Willen des Gottes zu verkünden, oder Bohnen aus dem Dreifuß herausnahm.

Bei dem letzteren Verfahren handelte es sich um das weniger bekannte, jedoch ebenso wie das Spruchorakel bereits in der Frühzeit übliche Losorakel*. Hierbei wurden einfache, mit Ja oder Nein zu beantwortende Fragen gestellt, etwa »Soll ich heiraten?«, »Bin ich der Vater meines Kindes?«, »Soll ich reisen?« oder »Soll ich meinen Acker bestellen?«. Hob die Pythia eine weiße Bohne aus dem Dreifuß, so lautete die Antwort Ja, war es eine schwarze, so bedeutete dies ein Nein. Wenn aus einer Anzahl vorgegebener Namen einer oder mehrere zu bestimmen waren, wurden mehrere gekennzeichnete Bohnen verwendet. So nahm die Pythia z.B. für die Athener Verfassung des Kleisthenes auf diese Weise unter vielen Namen jene zehn aus dem Dreifuß heraus, nach denen die zehn Phylen Athens benannt wurden (in klassischer Zeit benutzte man die Formulierung: die Orakel ›herausnehmen‹ oder ›herausheben‹).

Wer sich hingegen an Apollons Spruchorakel wandte, pflegte seine Fragen anders zu stellen, etwa: »Was ist heilsamer und besser zu tun?« Apollon antwortete darauf durch den Mund seiner Priesterin Pythia. Der Ratsuchende erhielt die Auskunft, aber nicht unmittelbar von ihr, sondern durch den *prophetes,* einen der Priester, und zwar entweder in Hexametern oder in Prosa.

Geheimnisvoll bleibt die Gestalt der Pythia. Was wissen wir von den Orakelpriesterinnen des Apollon?

Die Pythien wurden unter jungen Mädchen delphischer Familien ausgewählt und dienten von da an ihr Leben lang dem Gott. Allerdings durften, nachdem der Thessaler Echekrates (3. Jh. v. Chr.) sich in eine der jungen Priesterinnen verliebt und sie entführt hatte, nur noch ältere Frauen das Amt ausüben. Diese waren weiterhin wie Mädchen gekleidet und mußten keusch leben. Während der ›Hochkonjunktur‹ des Orakels bestimmte man zwei oder sogar drei Pythien, um die Fülle

---

* In einer 1939 entdeckten Inschrift fand der Archäologe Pierre Amandry beide Methoden der Orakelbefragung bestätigt. Die Inschrift überliefert einen Vertrag zwischen Delphi und der Insel Skiathos, worin geschrieben steht: »(...)falls sich jemand (aus der Bevölkerung) für die Methode der zwei Bohnen entscheidet (...)« - ein Verfahren, das nicht *expressis verbis* hätte erwähnt werden müssen, wenn dem Ratsuchenden nicht auch das Spruchorakel zur Verfügung gestanden hätte.

21 Die ›rasende‹ Pythia
in der Pariser Oper,
19. Jh. n. Chr.

der Fragen zu meistern. Vor jeder Wahrsagung mußten sich die Pythia sowie alle Priester in ihrem Gefolge, die an der Zeremonie teilnehmen wollten, an der Kastalischen Quelle (Farbabb. 4; Abb. 2, 47) reinigen. Von der Quelle zogen sie in einer Prozession zum Apollon-Tempel, wo die Pythia mit Hilfe von Tempeldienerinnen Lorbeerzweige auf dem Altar verbrannte und die vorgeschriebenen Riten vollzog, bevor sie schließlich zur Orakelbefragung ins Adyton hinabstieg.

Viele der Riten sind im wesentlichen bekannt. Wie die Pythia aber letztlich ›in gottergriffenem Zustand‹ weissagte, ist bis heute rätselhaft. War sie vom Gott besessen? Ein Medium? Fiel sie in Ekstase oder geriet sie durch das Kauen von Lorbeerblättern oder durch Rauschmittel in Trance? Keiner der altgriechischen Autoren hat diese Frage aufgeworfen. Glaubten sie alle, daß Apollon aus ihr sprach? Zu Plutarchs Zeiten

62

(1./2. Jh. n. Chr.) war man davon überzeugt, daß die Pythia auf einem Dreifuß über dem *chasma ges* (griech.: ›Erdspalt‹) saß, dem inspirierende Dämpfe entstiegen. Römische und christliche Autoren beschrieben diese der Erde entfliehenden Dämpfe und eine in Trance lallende Pythia (Abb. 21). Die Archäologen des 19. Jhs. forschten vergeblich nach dem Erdspalt im Adyton. Die rasende, lallende Pythia – vielleicht eine Erfindung der römischen Zeit – steht im Widerspruch zu Vasenbildern aus dem 5. Jh. v. Chr., die die Priesterin zeigen, wie sie ruhig und konzentriert auf dem Dreifuß das Orakel verkündet.

Der Ablauf der Orakelbefragung war äußerst kompliziert und wurde in den Jahrhunderten (6.–4. Jh. v. Chr.) der großen Popularität Delphis noch stärker reglementiert. Außer den Reinigungs- und Befragungsriten, die stets minuziös zu befolgen waren, stellte man nun eine Reihenfolge der Ratsuchenden auf.

An erster Stelle vor allen anderen Griechen standen die Delphier, die ›Eigentümer‹ des Orakels, auf sie folgten die Mitglieder der Amphiktyonie, schließlich die übrigen Griechen, die die *promanteia,* das Vorrecht auf Prophezeiung, besaßen, welches als Ehrenrecht verliehen wurde. Diesen Vorzug genossen im 4. Jh. v. Chr. die Chioten, wie der Inschrift auf dem Altar vor dem Apollon-Tempel zu entnehmen ist (Abb. 22). Die Athener und Spartaner hatten die *promanteia* bereits im 5. Jh. v. Chr. erlangt und Kroisos, der Lyderkönig, im 6. Jh. v. Chr.

22 Die Bewohner von Chios erhalten die *promanteia.* Inschrift auf dem Altar von Chios in Delphi, 4. Jh. v. Chr.

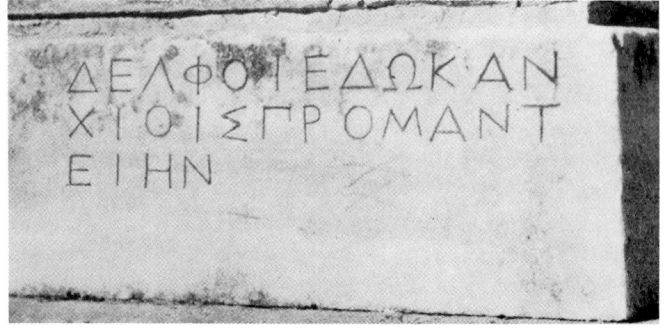

63

Ferner durften die Asklepiaden von Kos (s. S. 45) und Knidos dieses Vorrecht in Anspruch nehmen. Bevor letztere aber das Orakel befragen durften, mußten sie unter Eid ihre Abstammung in direkter männlicher Linie von Asklepios erklären. Eine Marmorstele im Apollon-Heiligtum belegt diese Bedingung inschriftlich.

Die Asklepiaden gehörten darüber hinaus zu den wenigen Begünstigten, die keinen *pelanos* zu zahlen hatten. Grundsätzlich war jeder Ratsuchende verpflichtet, den *pelanos* – anfangs eine Art Opferkuchen oder Gebäck, später eine entsprechende Geldsumme – zu entrichten sowie Orakel-Opfertiere zu kaufen. Aus Inschriften wissen wir, daß die Delphier den *pelanos* unterschiedlich festsetzten. So zahlte Phaselis, eine Hafenstadt an der Küste Lykiens, sieben aiginetische Drachmen und zwei Obolen für Rat in öffentlichen Angelegenheiten, aber elfmal weniger für einen pythischen Spruch zu privaten Fragen. Der ›Tarif‹ für die Sporaden-Insel Skiathos war wesentlich niedriger. Die Opfertiere – vor allem Ziegen, zuweilen auch Schafe, Wildschweine und Stiere – mußten bei der *prothysis* (griech.: ›Voropfer‹) Apollon und Athena dargebracht werden, bevor das Orakel sprach.

Nicht zufällig waren Ziegen als Voropfer besonders beliebt; nach der lokalen Legende sollen doch sie das Orakel als erste überhaupt aufgespürt haben: Sie weideten im Gelände, dort wo später das Adyton des Apollon-Tempels errichtet wurde, beugten sich über einen Spalt, das später berühmt gewordene *chasma ges,* und begannen wie besessen zu springen und seltsam zu schreien. Der beunruhigte Hirte näherte sich; als er sich dann selbst über den Spalt beugte, war er imstande, die Zukunft vorherzusagen.

Die Ziege, so berichtet Plutarch über das Voropfer, wurde mit kaltem Wasser ›geprüft‹. Reagierte sie nicht auf die Besprengung, dann waren Apollon und sein Orakel nicht willens, sich zu äußern. Ein Zittern der Ziege hingegen galt als Zeichen der Bereitschaft Apollons – der Tag war für ein Orakel günstig.

Das Voropfer wurde auf Kosten der Staatskasse im Namen aller Anwesenden vor den Tempeln vollzogen, allerdings nur an den von Delphi offiziell abgehaltenen Orakeltagen. Bei außerordentlichen Befragungen hatte der Ratsuchende das Voropfer selbst zu finanzieren. Damit nicht genug: Niemand konnte dieses Opfer ohne den *proxenos,* d. h. den Vermittler oder Unterhändler, vollziehen, durch den die meisten Städte in Delphi vertreten waren.

Delphische Münzen

In Delphi, der heiligen Stätte, spielte auch das profane Geld eine große Rolle. Die Gesandtschaften, die zahlreichen Pilger, jeder hatte ›seinen‹ *pelanos* zu entrichten, bevor er opfern durfte und ihm ein Orakel gewährt wurde (s. S. 64). Die Errichtung der Schatzhäuser, der Wiederaufbau des Apollon-Tempels, die Feiern, die Wettkämpfe (die Pythischen Agone) – all dies war mit enormem Geldumlauf verbunden; über Ausgaben und Einnahmen wurde Buch geführt. Dennoch sind delphische Silbermünzen heute extrem rar. Als der Numismatiker N. Svoronos 1896 das Delphische Tridrachmon beschrieb, waren weltweit nur drei Exemplare bekannt. Im Jahre 1969 stießen jedoch ägyptische Arbeiter in Assiut auf einen Münzschatz, der sieben weitere Tridrachmen enthielt (er wurde nach Beirut, Kairo und Rom verkauft). Ihre Seltenheit läßt sich auf zwei Gründe zurückführen: zum einen war das Heiligtum im Lauf der Jahrhunderte wiederholt Plünderungen ausgesetzt, zum anderen wurden in Delphi nur selten Münzen geprägt.

Der derzeitige Direktor der École Française d'Archéologie in Athen (1990), der Numismatiker Olivier Picard, weist darauf hin, daß von 4500 delphischen Inschriften sich 150 der längsten und interessantesten auf Rechnungen beziehen. Während jedoch der Stadtstaat Elis, zu dem das zweite panhellenische Heiligtum, Olympia, gehörte, seit dem sechsten vorchristlichen Jahrhundert bis in hellenistische Zeit Münzen in großer Fülle prägte, geschah

23   Delphisches Tridrachmon, um 480 v. Chr. Paris, Cabinet des Médailles

65

24 Amphiktyonischer Stater, um 336 v. Chr. Athen, Nationalmuseum

dies in Delphi nur zweimal, erstmals im Jahre 480 v. Chr. Vermutlich wurde damals, meint Picard weiter, die Beute aus dem Sieg über die Perser zur Herstellung des silbernen Tridrachmon verwendet – eine Annahme, die sich nicht zuletzt darauf stützt, daß die auf der Vorderseite der Münzen dargestellten, mit Bocksköpfen verzierten Rhyta persischen und griechischen Gefäßen ähneln (Abb. 23). Das zweite Mal prägte Delphi im Jahre 336 v. Chr. eine Münze – den Amphiktyonischen Stater mit dem Haupt der Göttin Demeter auf der Vorderseite und Apollon, auf dem Omphalos sitzend und die Kithara spielend, auf der Rückseite (Abb. 24).

Zu allen Zeiten aber wurden in Delphi fremde Münzen anerkannt, z. B. jene Athens oder aiginetisches Geld, d. h. Münzen, die im Stadtstaat Aigina geprägt wurden bzw. solche, die nach aiginetischer Norm (Eichmaß, Normalgewicht) in Thessalien, Boiotien und auf der Peloponnes geprägt wurden. Man muß sich Delphi also als eine ›Weltbank‹ vorstellen, wo Münzen aller Länder akzeptiert und gehandelt wurden.

Der französische Archäologe Georges Roux erläutert in seinem Werk »Delphi. Orakel und Kultstätten« weitere Bestimmungen für die Orakelbefragung. So erwähnt er z. B. eine Gebühr ›für das Fell‹: Wurde ein Tier als Sühneopfer verbrannt, mußte das Heiligtum entschädigt werden, weil ihm üblicherweise das Fell zustand. Die nicht verbrannten Tiere wurden zwischen dem Gott, seinen Priestern und den Gläubigen aufgeteilt – im sparsamen Griechenland aß man außer bei reli-

66

giösen Zeremonien kaum Fleisch. In Delphi verlangten auch jene, die bei der Opferzeremonie das Tier töten und zerlegen mußten, eine Portion ›für das Küchenmesser‹. Delphi konnte von den ›Einnahmen‹ des Heiligtums gut leben, der Begriff ›delphisches Küchenmesser‹ ging in die Umgangssprache jener Zeit ein – als Bezeichnung für habgierige, auf Gewinn erpichte Menschen.

Ratsuchende und Gesandte durften nach den Reinigungsriten und Opfern bis ins Innerste des Tempels vordringen. Georges Roux beschreibt das Adyton als eine ›Orakelgrube‹, eine 0,80 m bis 1,20 m tief liegende Aussparung im Steinboden, deren Grund mit lockerer Erde bedeckt war. Seiner Ansicht nach wuchs hier der Lorbeerbaum, befand sich hier das ›Grab des Dionysos‹, fanden hier der Omphalos (Abb. 6, 56), die Goldstatue und Lyra des Apollon ebenso Platz wie der Dreifuß, auf dem die Pythia sich niederließ. Laut Roux konnte sie, auf dem Dreifuß wie auf einem Hocker sitzend, alle Besucher sehen, sobald sie den Tempel betraten. Nur so erklären sich mehrere Passagen bei Aischylos, Herodot und Euripides, in denen die Pythia die Pilger anrief oder ansprach, sobald sie die Tempelschwelle überschritten hatten. Die Ratsuchenden stiegen hinab in einen an das Adyton angrenzenden Raum (griech.: *oikos*) in dem sie auf Bänken neben den *hosioi* und *prophetes* Platz nahmen. »Auf jeden Fall hörte der Gläubige im Oikos die Antwort der Pythia: Der Prophet hätte die Worte nicht ändern können.« (Roux)

Diese Ansicht Roux' bleibt in der Altertumswissenschaft nicht unwidersprochen. Diskutiert wird, ob oder inwieweit die Priesterschaft Sprüche der Pythia veränderte. Ein kaum lösbares Rätsel, denn kein einziger der alten griechischen Autoren hat die Befragungsszene ausführlich beschrieben. Sie muß Tausenden von Griechen bekannt gewesen sein, weil sie jeweils vor mehreren Ratsuchenden stattfand und niemand zur Geheimhaltung verpflichtet war. War das Procedere so allgemein bekannt, daß es schriftlich nicht festgehalten werden mußte? In diesem Kontext stellt sich darüber hinaus die Frage, ob im 5. Jh. v. Chr. alle Frauen berechtigt waren, das Orakel zu befragen, wie Euripides schreibt. Inschriften belegen, daß einige Frauen sogar die *promanteia* besaßen. Plutarch, der Anfang des 2. Jhs. v. Chr. als Apollon-Priester in Delphi wirkte, erklärt dagegen ausdrücklich, daß Frauen nicht zugelassen und auf *mezasontes* (griech.: ›Vermittler‹) angewiesen waren, die stellvertretend das Orakel befragten und ihnen die pythische Antwort schriftlich aushändigten. Hatten sich die Vorschriften im Laufe der Jahrhunderte verändert? Jahrhundertelang pilgerten Scharen von Menschen nach Delphi, Hunderte von Orakelsprüchen der Pythia sind überliefert, aber wesentliche Fragen bleiben offen. War es die Pythia selbst, die den politischen Willen Delphis artikulierte? Wir wissen nur, daß während eines ganzen Jahrtausends zwei Pythien bestochen und bestraft worden sind.

Über die männlichen Priester des Pythischen Orakels, die mannigfaltige Funktionen zu erfüllen hatten, ist noch weniger bekannt. Sicher ist, daß die fünf *hosioi*, die beiden *prophetes* und die beiden Priester auf Lebenszeit ernannt wurden und zu den bestinformierten, gebildetsten und politisch weitsichtigsten Personen im griechischen Raum zählten. Warum aber kennen wir Namen unzähliger Orakelbesucher und die Orakelsprüche, hingegen kaum Namen von Priestern? Jeder Grieche legte doch Wert darauf, mit seinem Namen in die Geschichte einzugehen! Weshalb trugen diese Priester niemals Meinungsverschiedenheiten in der Öffentlichkeit aus und betrieben jahrhundertelang als geschlossene Gruppe diskrete Diplomatie, während ihre hellenischen Zeitgenossen – auch die besten – sich gegenseitig beneideten und untereinander bekämpften?

Selbst wenn man heute geneigt ist, die apollinische Inspiration als einzige Quelle pythischer Sprüche anzuzweifeln, so sollte man zumindest Apollons ›erzieherische Leistung‹ honorieren: Seine Priester haben dem strahlenden Gott ein Jahrtausend ohne Anspruch auf eigenen Ruhm oder Nachruhm gedient.

Orakelsprüche

Pythische Orakelsprüche durchziehen die gesamte antike – griechische, römische und sogar die frühchristliche – Literatur. Herodot, der ›Vater der Geschichte‹, der dem Delphischen Orakel vertraute, schrieb im 5. Jh. v. Chr. 66 Orakelsprüche (darunter 20 in Versform) nieder. Thukydides dagegen, der – skeptischere – Historiker des Peloponnesischen Krieges, kommentierte etwa zur gleichen Zeit 16 Orakelsprüche unter dem Gesichtspunkt, wie sie das menschliche Handeln beeinflußten. Tragödien- und Komödiendichter wurden angeregt durch die

25 Apollon von Piom-
bino. Bronzestatue
im archaisierenden
Stil, 5. oder 1. Jh.
v.Chr. Paris, Louvre

Äußerungen des Apollon Loxias (s. S. 10). Philosophen wie Sokrates
oder Platon zählen zu den Bewunderern des Gottes. Auch kritisch oder
feindlich Gesinnte, wie der Kyniker Oinomaos von Gadara (2. Jh.
v.Chr.) oder der Kirchenvater Eusebios (260–340 n.Chr.), Bischof von
Kaisareia (Palästina), haben uns mehrere Sprüche überliefert, darunter
einige, die allein aus ihren Schriften bekannt sind. Zahlreiche Orakel
aber wiederholen sich, Varianten finden sich noch in der »Anthologia
Graeca« (»Anthologia Palatina«), einer um 980 n. Chr. entstandenen
Sammlung griechischer Epigramme aus fast 15 Jahrhunderten. Als
Standardpublikation über die Orakelsprüche gilt das zweibändige
Werk »The Delphic Oracle« von H. W. Parke und D. E. W. Wormell,
das Orakelsprüche in altgriechischer Sprache mit sämtlichen antiken
Quellen wiedergibt und kommentiert.
　　Nur sehr wenige der zahlreichen delphischen Inschriften beziehen
sich auf Orakelsprüche. Leider scheint man in Delphi nicht wie beim
Zeus-Orakel von Dodona (Epeiros, Westgriechenland) Bleiplatten

69

beschriftet zu haben, die heute als wichtige historische Quelle dienen könnten. Gewiß gab es Orakelarchive – im Tempel von Delphi, in Sparta und anderen Städten –, um in späterer Zeit die Prophezeiung mit der Realität vergleichen zu können. Wie anders hätten die ›heiligen Botschafter‹ Spartas, die für die Befolgung des Delphischen Orakels zuständigen Staatsbeamten, ›das Beste und Heilsamste‹ tun können – sie mußten sich Jahrzehnte hindurch an niedergeschriebenen Sprüchen orientieren können.

Was ist aus den dicht beschriebenen Schriftrollen mit »Äußerungen des Loxias«, die Euripides erwähnt, oder den ›Büchern‹ der Orakelsammler, von denen Aristophanes spricht, geworden?

Die altgriechischen Schriftrollen wurden zerstört oder zumindest nie gefunden. Wenn auch die ›archäologischen Spaten‹ bisher nur eine armselige Ernte Delphischer Orakel eingebracht haben, so läßt die heutige Zeit, in der weltweit verblüffende Funde gemacht werden, doch noch auf überraschende Entdeckungen hoffen.

Niemand weiß, wie repräsentativ die erhaltenen, in ihrem Stil äußerst differenzierten Orakelsprüche sind. Einige der frühen Sprüche sind kurz, klar und direkt – der Gott spricht in der Ich-Form, zuweilen ironisch-brillant; andere sind geheimnisvoll-feierlich. Philologen unterstreichen die Ähnlichkeiten in Stil und Ausdrucksweise der in Hexametern verfaßten Sprüche mit den Versen früher griechischer Dichter wie Hesiod und Theognis oder Philosophen wie Heraklit, Parmenides und Empedokles. Häufig wurden Metaphern verwendet, so im Orakel an Athen »xylina teiche« (griech.: ›die hölzerne Mauer‹; s. S. 81 f.), mit der die Schiffsplanken, d. h. die Flotte, gemeint war oder »die hölzerne Schar mit dem roten Herold« im Orakel an Siphnos (s. S. 83), die hinwies auf die samische Flotte mit einem rot gestrichenen Schiff. Ferner erscheinen mehrmals die leukai korai, ›die weißen Jungfrauen‹, in den Orakeln als Metapher für den Schneesturm, der Delphi vor feindlichen Angriffen schützte.

Philologen haben versucht, die Authentizität der Orakelsprüche zu prüfen, festzustellen, welche Prophezeiungen ›post eventum‹ (nach dem Ereignis) formuliert, welche mit Legenden umrankt wurden, welche eventuell einer ›delphischen Propaganda‹ zugeschrieben werden müssen und welche wirklich authentisch sind. Je mehr konkrete Details in einem Orakelspruch zutreffen, desto mißtrauischer beurteilen ihn die Wissenschaftler. Und dennoch – in unserem ›vernünftigen‹, erklärungssüchtigen Zeitalter glauben weltweit viele Menschen wie seit Urzeiten daran, daß einige Zukunftsprognosen, die sich jeder rationalen Erklärung entziehen, wahr werden. Weshalb sollte man Apollon und seiner Priesterschaft einige verblüffende Erfolge nicht gönnen?

Dahingestellt bleibt jedoch so manches, z. B. ob und wie die Pythia erriet, daß der Lyderkönig Kroisos eine Schildkröte zusammen mit Lammfleisch in seinem fernen Palast im kleinasiatischen Sardeis gekocht hatte, um damit die verschiedenen Orakelstätten auf die Probe zu stellen. Die Pythia bestand die lydische Prüfung mit folgendem Spruch:

»Wohl weiß ich, wieviel Sand am Meer, wie die Weite des Wassers,
Selbst den Stummen vernehm' ich und höre des Schweigenden Worte.
In die Sinne dringt mir der Geruch der gepanzerten Kröte,
Wie man sie kocht zusammen mit Lammfleisch in eherner Pfanne.
Erz umschließt sie von unten, wie Erz auch darübergezogen.«

(Herodot I,47,3)

Kroisos glaubte daraufhin an Delphi als das einzig wahrhafte, das untrügliche Orakel. Mehrfach nahm er seine Dienste in Anspruch und entsandte zum Dank Boten mit prunkvollen goldenen Weihgaben. Sie wurden im Apollon-Tempel und im Schatzhaus der Korinther aufgestellt, wo bereits die Gaben des Midas und des Gyges (eines Vorfahren des Kroisos) standen (als ›Nicht-Griechen‹ durften sie kein eigenes Schatzhaus errichten). Kroisos erhielt als Gegenleistung für seine Geschenke das Vorrecht zur Befragung des Orakels (*promanteia;* s. S. 63 f.) – und die berühmtesten der zweideutigen pythischen Orakelsprüche. Auf die Frage, ob er gegen die Perser ziehen solle, antwortete die Pythia: »Wenn Kroisos den Halys überschreitet, wird er ein großes Reich zerstören.« (»Aristotelische Rhetorik«, III,5). Der Fluß Halys, heute Kızıl Irmak in der Türkei, bildete die Grenze zwischen den Reichen des Perserkönigs Kyros und des Lyderkönigs Kroisos. Der Spruch ließ Kroisos annehmen, er werde das Königreich des Kyros vernichten. Auf Kroisos' zweite Frage, ob seine Herrschaft lange Bestand haben werde, antwortete die Pythia:

»Wenn erst einmal ein Maultier den Medern König geworden,
Dann, zartfüßiger Lyder, flieh hin zum steinigen Hermos,
Zögere nicht dabei und schäme dich nicht deiner Feigheit!‹

Als diese Worte dem Kroisos zugingen, war er überaus froh; denn er dachte, daß doch nie ein Maultier statt eines Menschen über die Meder herrschen könne, daß also weder er selbst noch seine Nachkommen die Herrschaft verlieren würden.« (Herodot I, 55,2; 56,1)

Kroisos aber wurde vom Perserkönig Kyros besiegt, die lydische Hauptstadt Sardeis brannte ab. Nun ersuchte Kroisos den siegreichen persischen Herrscher, ihm zu gestatten, Apollon Vorwürfe ob des Orakels zu machen. Er sah sich vom delphischen Gott betrogen, verleitet zum Angriff auf Kyros' Macht. Der Perser gewährte ihm die erbetene Gunst. Herodot schreibt zur Beschwerde des Lyderkönigs:

»Als die Lyder nach Delphi kamen und ihre Aufträge ausrichteten, soll ihnen die Pythia folgende Antwort erteilt haben: ›Selbst ein Gott kann dem bestimmten Schicksal nicht entgehen (...). Gegen den erhaltenen Orakelspruch erhebt Kroisos zu Unrecht Vorwürfe; denn Apollon Loxias hatte ihm nur vorhergesagt, wenn er gegen die Perser ziehe, werde er ein großes Reich zerstören. Wenn Kroisos gut beraten sein wollte, dann hätte er, zum Gott schicken und fragen müssen, ob Apollon sein eigenes oder des Kyros Reich meine. Daß er den Spruch nicht verstand und nicht noch einmal fragte, dafür soll er die Schuld sich selbst zuschreiben. Auch den Orakelspruch von dem Maultier bei der letzten Anfrage hat Kroisos nicht verstanden. Dieses Maultier war doch offensichtlich Kyros. Er stammt ja von zwei verschiedenen Völkern, von einer edleren Mutter und einem geringeren Vater. Die Mutter stammte aus Medien und war die Tochter des Mederkönigs Astyages, der Vater aber war Perser, Untertan der Meder, und heiratete trotz seines geringen Standes seine Herrin.‹ Diese Antwort gab die Pythia den Lydern.« (Herodot I, 91,1; 91,4 6)

Auch bei einer privaten Fragen des Kroisos behielt die Pythia Recht:

»Kroisos selbst hatte folgendes Schicksal: Einer seiner Söhne, den ich schon oben erwähnt habe, war sonst ein trefflicher Mann, aber stumm. Früher, in den Tagen seines Glücks, hatte Kroisos alles für ihn getan, was er konnte. Unter anderem, was er ersann, hatte er auch Boten nach Delphi geschickt, um das Orakel seinetwegen zu befragen. Die Pythia hatte ihm geantwortet:

›Lyder dem Blute nach, König von vielen, gewaltiger Tor doch,
Kroisos, wünsche dir nicht im Haus die erbetete Stimme
Deines sprechenden Sohnes zu hören; es ist für dich besser.
Denn, wenn zuerst er spricht, das ist am Tage des Unglücks.‹

Als jetzt die Mauer genommen war, ging ein Perser, der Kroisos nicht kannte, auf ihn los, um ihn zu töten. Kroisos sah ihn zwar herankommen, achtete aber nicht darauf; denn das Schicksal hatte ihn so gebeugt, daß ihn der Tod nicht schreckte. Als aber sein stummer Sohn den Perser auf den Vater zustürzen sah,

72

lösten Furcht und Leid seine Stimme, und er rief: ›Mensch, töte Kroisos nicht!‹ Das war das erste Wort, das er sprach. Seitdem konnte er zeit seines Lebens wieder reden«. (Herodot I, 85,1–4)

Einige Philologen vermuten, daß der persische Sieg über das mächtige Lydien, das traditionell freundschaftliche Beziehungen zu den Griechenstädten Kleinasiens und zu Delphi unterhielt, einen nachhaltigen Schock für Delphi bedeutete. Ihrer Theorie zufolge wurde Delphi defätistisch, sobald die Perser auf den Plan traten: Als Harpagos, ein Gefolgsmann des Kyros, Ionien unterwarf, wollten die Bewohner von Knidos diesem Schicksal entgehen. Sie versuchten, die Landenge zu durchbrechen, die ihr Gebiet mit dem Festland verband. Da sie aber von mancherlei Mißgeschick heimgesucht wurden, schickten sie Boten nach Delphi, um nach dem Grund des Unheils zu fragen.

»Die Knidier erzählen selbst, die Pythia habe ihnen in einem Trimeter folgende Antwort gegeben:
  ›Ihr sollt am Isthmos Turmwerk nicht noch Graben baun!
  Zeus schuf ihn ja zur Insel, hätt' er's nur gewollt.‹
Als die Knidier diesen Orakelspruch der Pythia hörten, stellten sie den Grabenbau ein und ergaben sich kampflos dem Harpagos, als er mit dem Heer heranzog.« (Herodot I, 174,4–6)

Einer der frühesten Orakelsprüche galt den Einwohnern von Aigion (Peloponnes). Diese hatten in einer Seeschlacht die an der gegenüberliegenden Küste lebenden Aitoler besiegt und deren Kriegsschiff gekapert. Als sie voller Stolz Apollon fragten, welche unter allen Griechen die besten seien, erhielten sie die ironisch-vernichtende Antwort:

»Ihr Einwohner von Aigion seid weder die Dritten noch Vierten noch Zwölften,
Weder gemessen an euren Errungenschaften noch an eurer Zahl.«

Ein ähnliches Orakel erging in späterer Zeit an die Megarer:

»Rings auf der Erde am besten ist Argos, die Stadt der Pelasger,
Ferner thessalische Stuten und lakedaimonische Frauen,
Dann die Männer, die trinken vom Quell Arethusas, der schönen.
Trefflicher aber als diese sind jene, die Tiryns bewohnen,
Die in Arkadien hausen auf lämmerreichen Gefilden,
Und die Argiver, die Stachler zum Krieg, im linnenen Panzer.
Ihr aber, Megarer, seid die Ersten nicht, auch nicht die Vierten,
Selbst die Zwölften noch nicht: ihr rechnet nicht, zählt überhaupt nicht.«
(»Anthologia Graeca« XIV, 73)

Einen delphischen Spruch, auf den sich die Amphiktyonen beriefen, um den Ersten Heiligen Krieg (600–590 v. Chr.) gegen Krisa zu führen, ihren mächtigen Nachbarstaat, der die Ebene und den Golf von Itea kontrollierte und von Delphi-Pilgern hohe Durchgangszölle verlangte, überliefert Pausanias:

»Nicht eher werdet Ihr einen Turm dieser Stadt nehmen und stürzen,
Als bis gegen mein Heiligtum der blauäugigen Amphitrite
Woge brandet, über das weinfarbene Meer rauschend.« (Pausanias X,37,6)

Krisa wurde zerstört, seine Ebene den Göttern Apollon, Leto, Artemis und Athena Pronaia geweiht, so daß das Meer, d. h. die Meeresgöttin Amphitrite, in der Tat an die Grenzen des Heiligtums reichte.

Beispielhaft klar und eindeutig sind die Gründungsorakel für Kyrene (Nordafrika; Abb. 26), die Stadt, die Kolonisten aus Thera errichteten. Die als authentisch geltenden Orakel, die man in Herodots detaillierter Erzählung von der Gründung Kyrenes (s. S. 25 ff.) liest, sind fast identisch in der »Anthologia Graeca« enthalten.

26 Apollon-Heiligtum und griechisches Theater von Kyrene

Einen außergewöhnlich präzisen (und erfolgreichen) strategischen Rat erteilte Delphi den zwischen dem italienischen Festland und Sizilien gelegenen Liparischen Inseln*:

»Das Seltsamste geschah, wie ich erfuhr, den Liparaiern mit den Etruskern. Den Liparaiern befahl nämlich die Pythia, mit möglichst wenig Schiffen gegen die Etrusker zu kämpfen. So fuhren sie mit fünf Trieren gegen die Etrusker aus. Diese fuhren ihnen mit ebenso vielen Schiffen entgegen, da sie keine schlechteren Seeleute sein wollten als die Liparaier. Diese nun eroberten die Liparaier und überwanden weitere fünf, die sich ihnen später entgegenstellten, und eine dritte Fünfergruppe von Schiffen und ebenso eine vierte. So weihten sie nun nach Delphi ebenso viele Apollon-Statuen wie die eroberten Schiffe.«

(Pausanias X,16,7–8)

Einige der im 6. Jh. v. Chr. beschrifteten Kalksteinplatten, die jene 20 Apollon-Statuen trugen, sind erhalten. Ernst Meyer schließt auf ein über 30 m langes Denkmal, welches vielleicht die Polygonalmauer südlich des Apollon-Tempels (Abb. 27) bekrönte.

Brillant und ironisch ist Apollons spitzfindige Antwort an die Spartaner, die Arkadien erobern wollten. Zwar waren die Spartaner die treuesten Anhänger des delphischen Apollon, aber Delphi wollte wohl dennoch ihren Expansionsdrang eindämmen und der Hybris vorbeugen. Der ebenfalls als authentisch anerkannte Orakelspruch wird seit Herodot (5. Jh. v. Chr.) inhaltlich unverändert überliefert:

»»Forderst Arkadien von mir? Forderst viel! Ich geb es dir nimmer.
Denn in Arkadien gibt es viel Eicheln verzehrende Männer,
Die dir entgegenstehn. Doch will ich mich dir nicht versagen:
Trete Tegea dir ab zum Tanze mit stampfenden Füßen
Und die herrliche Flur, das Land mit der Leine zu messen.‹
Als die Lakedaimonier diese Antwort erhielten, ließen sie von den anderen Städten Arkadiens ab, zogen aber gegen die Tegeaten und nahmen Fesseln mit. Dabei vertrauten sie auf den doppelsinnigen Orakelspruch und meinten, die Tegeaten würden ihre Knechte werden. Sie unterlagen aber im Zusammenstoß und mußten alle, sowie sie lebend in Gefangenschaft gerieten, in den Fesseln, die sie mitgebracht hatten, als Sklaven die Felder der Tegeaten mit der Leine vermessen und Dienste leisten. Diese Fesseln, mit denen sie gebunden waren, waren sogar noch bis zu meiner Zeit in Tegea erhalten und hingen außen um den Tempel der Athena Alea.«   (Herodot I,66,2–4)

* Lipara/Lipari, Strongyle (griech.: ›die Runde‹)/Stromboli, Hiera/Vulcano, Didymai/ Salina

75

Noch sieben Jahrhunderte nach Herodot sah Pausanias (VIII,47,2) »(...) die aufgehängten Fesseln, soweit sie nicht der Rost zerfressen hatte, die die spartanischen Gefangenen trugen, als sie die Ebene für die Tegeaten bearbeiteten«.

Eine der ältesten und ewigen Fragen an den Gott war die kinderloser Eltern, ob sie Nachwuchs erwarten dürften. Aus mehreren Antworten geht die delphische Ansicht hervor, man solle die Gaben der Götter nicht erzwingen, auch den Kindersegen nicht. Die Erfüllung hartnäckig erzwungener Wünsche könne kein Glück bringen. Das berühmteste Orakel dieser Art – berühmt geworden in seiner Verarbeitung durch Sophokles in seinem »König Oidipus« ging an Laios, den Vater des Oidipus. Laios, König von Theben und seine Gemahlin Iokaste zeugten der Warnung zum Trotz ein Kind:

»Laios, Labdakos' Sohn, nach Kindersegen verlangst du?
Magst du den Sohn denn bekommen! Doch ist dir beschieden, du endest
Einst von der Hand deines Sohns. Denn also ist es mein Wille.«

(»Anthologia Graeca« XIV,67)

Oidipus wurde ausgesetzt und vom König von Korinth an Kindesstatt angenommen; die große Verstrickung nahm ihren Lauf. Als Oidipus erfuhr, daß seine Eltern nur Pflegeeltern waren, pilgerte er nach Delphi, um das Rätsel seiner Herkunft zu lösen. Auf dem Weg dorthin aber, an der Schiste, »(...) dem sogenannten ›Geteilten Weg‹, vollbrachte Oidipus den Vatermord« (Pausanias X,5,3). Nicht ahnend, was er getan hatte, gelangte Oidipus nach Theben. Dort wurde er als Retter der Stadt empfangen, weil er das Rätsel der Sphinx gelöst (s. S. 146) und so Theben von Menschenopfern befreit hatte. Er heiratete die Königinwitwe Iokaste, seine Mutter, und wurde so König Thebens. Mit ihr hatte er vier Kinder. Als eine Seuche Theben befiel, suchte man das Delphische Orakel auf. Sophokles' »König Oidipus« beginnt mit der Auskunft der Pythia, daß der ungesühnte Mord an König Laios die Ursache dieser Heimsuchung sei. Ein dramatisches Ringen um die Wahrheit beginnt. Beispielhaft wird hier der Widerspruch zwischen der Wahrheit und der Fragwürdigkeit menschlicher Erkenntnis sichtbar – ein beliebtes Thema im griechischen Mythos und in der griechischen Literatur.

◁ 27 Rekonstruktion des Apollon-Heiligtums von Delphi

Der spartanische König Leotychidas erzählte im Jahre 490 v. Chr. den Athenern die Geschichte des Glaukos und den entsprechenden delphischen Orakelspruch, um sie vor Amoralität *in politicis* zu warnen und so die Freilassung von Geiseln zu erwirken. Hier wie in anderen Orakelsprüchen wird deutlich, daß für Delphi und seinen Gott die Absicht und die Ausführung der Tat ein und dasselbe waren:

»(...) Ein Mann aus Milet erschien in Sparta und wollte Glaukos sprechen, wobei er folgendes vortrug: ›Ich bin aus Milet und komme, weil ich mir deine Gerechtigkeit zunutze machen will, Glaukos. Weil in ganz Griechenland und auch in Ionien so viel von deiner Gerechtigkeit geredet wird, überlegte ich immer wieder, daß es in Ionien doch von alters mit der Sicherheit recht schlecht stehe, die Peloponnes aber so sicher ist; und weiterhin, daß man sehen kann, wie der Besitz niemals bei dem gleichen bleibt. Als ich dies so bedachte und mit mir zu Rate ging, beschloß ich, die Hälfte meiner ganzen Habe zu Geld zu machen und dir in Verwahrung zu geben; denn ich weiß es ja in deinen Händen sicher aufgehoben. Nimm also das Geld und verwahre auch diese Erkennungszeichen! Wer dir eine solche Marke vorweist und das Geld zurückverlangt, dem gib es heraus!‹ So sprach der Freund aus Milet; Glaukos übernahm das Pfand unter der verabredeten Bedingung. Nach langer Zeit kamen die Söhne dieses Mannes, der das Geld hinterlegt hatte, nach Sparta, besuchten Glaukos, zeigten die Marken vor und verlangten das Geld zurück. Der aber wies sie mit folgenden Worten ab: ›Ich weiß nichts mehr von dieser Sache; und nichts von dem, was ihr auch sagt, ruft sie mir ins Gedächtnis zurück. Doch will ich, wenn es mir wieder einfällt, tun, was die Gerechtigkeit verlangt. Wenn ich das Geld erhalten habe, so will ich es ehrlich zurückzahlen. Habe ich es aber überhaupt nicht bekommen, so will ich nach den Gesetzen der Griechen gegen euch verfahren. Ich gebe euch eine Frist von vier Monaten von heute ab, die Entscheidung hierüber herbeizuführen.‹ Recht ungehalten kehrten die Milesier heim und glaubten, um ihr Geld betrogen zu sein. Glaukos aber reiste nach Delphi, um das Orakel zu befragen. Als er sich erkundigte, ob er das Geld durch einen Eid in seinen Besitz bringen solle, schalt ihn die Pythia mit folgenden Worten:
›Glaukos, des Epikydes Sohn, jetzt bringt dir's zwar Vorteil,
Wenn du durch Eidschwur siegst und so das Geld dir gewinnest.
Schwöre nur, denn der Tod ereilt auch den redlichen Schwörer.
Aber dem Eidschwur folgt sein Sohn; der hat keinen Namen,
Hat auch nicht Hand noch Fuß. Er verfolgt gar schnell wie der Sturmwind,
Packt rasch zu und vernichtet Geschlecht und Haus von der Erde.
Aber des redlichen Schwörers Geschlecht lebt künftighin besser.‹
Als Glaukos das hörte, bat er den Gott, ihm seine Frage zu verzeihen. Die Pythia antwortete, Gott versuchen und handeln bedeute gleich viel. Glaukos ließ dar-

auf die Fremdlinge von Milet zu sich kommen und gab ihnen das Geld zurück. Weshalb ich euch, Athener, diese Geschichte erzählt habe, will ich euch jetzt sagen: Es kam von Glaukos nichts zur Nachwelt; weder Haus noch Herd ist bekannt; von der Wurzel ab ausgerottet ist er in Sparta. So ist es gut, wenn man über ein anvertrautes Pfand nicht einmal etwas anderes denkt als dies allein: es auf Forderung zurückzuerstatten.«   (Herodot VI,86α3–86δ)

Wie bedeutsam die Frage ist, ob eine Handlung aus guter oder böser Absicht erfolgte, wird immer wieder betont (s. auch S. 17f.). Eine Legende, die darauf hinweist, erzählt von drei Männern, die auf ihrem Weg nach Delphi Räubern zum Opfer fielen. Der erste wurde von den Räubern überfallen, der zweite rannte davon, während der dritte, der dem Opfer zu Hilfe eilte, den Angreifer verfehlte und versehentlich seinen Freund mit dem Schwert durchbohrte. Die Pythia sprach zu dem zweiten:

»Als ein Freund in Gefahr war, hast du ihm
Nicht beigestanden, obwohl es auf der Hand lag.
Ich werde dir nicht antworten. Verlaß den Tempel!«

Und zum anderen:

»Du tötetest den Freund, während du ihn retten wolltest.
Sein Blut hat dich nicht befleckt, deine Hände sind rein geblieben.«

Die folgenden Orakel, die den Athenern vor der Schlacht von Salamis erteilt wurden, sind berühmt. Man hat darin die eingeschüchterte Reaktion Delphis angesichts des persischen Vormarsches erkennen wollen. Aber so Unrecht hatte Apollons Orakel nicht, denn vor der Seeschlacht bei Salamis (480 v. Chr.) eroberten die Perser Athen, setzten die Tempel auf der Akropolis und alle öffentlichen Gebäude auf der Agora in Brand. Als die bei Salamis siegreichen Athener heimkehrten, fanden sie Schutt und Asche vor. Glücklicherweise hatten sie ihre Frauen rechtzeitig nach Aigina evakuiert. Hier nun der Spruch der Pythia, wie Herodot ihn überliefert:

»Arme! Was sitzt ihr noch hier! Wohlan, bis ans Ende der Erde
Flieht aus dem Haus, aus der rundlichen Stadt hochragenden Felsen!
Nicht entgeht der Leib, nicht das Haupt dem grausen Verderben,
Nicht bleiben unten die Füße, die Hände nicht, nichts in der Mitte
Unverletzt; denn alles gilt nichts. Niederstürzt es zur Erde
Feuer und Ares' Wut, der auf syrischem Wagen einherfährt.

Doch die eine nicht nur, viele andere Burgen zerstört er,
Viele Tempel der Götter gibt er der verheerenden Flamme.
Jetzt schon stehen triefend von Schweiß die unsterblichen Götter,
Zitternd und bebend vor Furcht, von den obersten Zinnen der Tempel
Rinnt dunkles Blut, zum Zeichen des Zwanges des kommenden Unglücks.
Fort aus dem Heiligtum hier! Und wappnet den Sinn gegen Unheil!«

(Herodot VII,140,2–3)

Die ob dieses pythischen Spruchs erschütterten Athener befragten das
Orakel ein weiteres Mal – nun als Schutzflehende –, und die Pythia
orakelte:

»Pallas Athena vermag den Olympier nicht zu versöhnen,
  Mag sie auch flehend ihm nahn, wortreich mit verständigem Rate.
Doch dir sag ich ein anderes Wort, wie Stahl fest gegründet:
  Ist das übrige alles von Feinden genommen, was Kekrops'
  Grenze umschließt und die Schluchten des heiligen Berges Kithairon,
Dann gibt die Mauer aus Holz der Tritogebornen weitschauend
  Zeus unbezwungen allein, dir und deinen Kindern zu Nutze.
Doch erwarte du nicht der Reiter Schar und das Fußvolk
  Ruhig auf festem Boden! Entweiche dem drohenden Angriff,
  Wende den Rücken ihm zu! Einst wirst du ja dennoch sie treffen.
Salamis, göttliche Insel, die Kinder der Frauen vertilgst du,
  Sei es zu Demeters Saat oder sei es zum Zeitpunkt der Ernte.‹

Dieser Spruch schien ihnen milder zu sein als der erste; er war es auch wirklich.
Sie schrieben ihn auf und zogen heim nach Athen. Als die Boten zu Hause ein-
trafen und der Gemeinde berichteten, gab es viele verschiedene Meinungen
unter denen, die den Sinn des Orakels suchten. Besonders aber diese Meinungen
standen gegeneinander: Einige von den Älteren sagten, für sie hätte es den
Anschein, als hätte der Gott die Erhaltung der Burg geweissagt; denn die Burg
in Athen war seit alten Zeiten mit einer Dornhecke umgeben. Diesen Zaun hielten sie für die hölzerne Mauer. Andere sagten wieder, der Gott meine die Schiffe
und gaben ihnen den Befehl, sie sollten die Flotte instandsetzen und alles andere
lassen. Diejenigen aber, die meinten, die Schiffe seien die hölzerne Mauer, wurden irre an den beiden letzten Versen der Pythia:
›Salamis, göttliche Insel! Die Kinder der Frauen vertilgst du,
  Sei es zu Demeters Saat oder sei es zum Zeitpunkt der Ernte.‹
An diesen Worten stießen sich die Meinungen derer, die behaupteten, die Schiffe
seien die hölzernen Mauern. Denn die Orakeldeuter erklärten die Worte so, als
sollte Athen bei Salamis unterliegen, wenn es zu einer Seeschlacht rüste.
    Unter den Athenern lebte ein Mann, der erst seit kurzem zu großem Ansehen
gekommen war: Themistokles, er hieß Sohn des Neokles. Er behauptete, die

28 Das Schatzhaus der Athener in Delphi

Orakeldeuter legten nicht alles richtig aus, und fügte hinzu, wenn dieses Wort sich wirklich auf die Athener bezöge, wäre der Spruch, wie er glaube, nicht so milde ausgefallen, sondern etwa folgendermaßen: ›Schreckliches Salamis!‹ statt ›Göttliches Salamis‹, wenn wirklich die Bewohner im Kampf darum sterben sollten. Der Spruch sei gegen die Feinde gerichtet, nicht auf die Athener, wenn man ihn richtig verstehe. So riet er ihnen denn, sich zum Kampf mit Schiffen zu rüsten; denn diese seien die hölzernen Mauern. Diese Erklärung des Themistokles hielten die Athener für viel annehmbarer als die Auslegung der Orakeldeuter, die von der Rüstung zum Seekrieg abrieten und sagten, man solle die Hand überhaupt nicht gegen den Feind erheben, sondern Attika verlassen und sich in einem andern Land ansiedeln.«   (Herodot VII,141,3–143,3)

Das nachfolgende Orakel wird von den Wissenschaftlern als ein ›post eventum‹-Orakel (s. S. 70) klassifiziert, formuliert nach dem Fall von Milet:

»›Auch du, stolzes Milet, du Quelle verderblicher Taten,
   Wirst für viele ein Festschmaus sein und herrliche Beute;
   Deine Gattinnen waschen die Füße langlockigen Männern,
   Und den Tempel in Didyma werden uns andre besorgen.‹

82

Dieser Spruch ging jetzt an den Milesiern in Erfüllung, als die meisten von den Persern, die langes Haar trugen, getötet wurden, ihre Frauen und Kinder zu Sklaven gemacht und das Heiligtum in Didyma, Tempel sowohl wie Orakelstätte, ausgeplündert und niedergebrannt wurden.« (Herodot VI,19,2-3)

Stellvertretend für all jene Orakelsprüche, die mit einem ›Wenn‹ beginnen, sei folgender zitiert:

»Wenn in Siphnos einst weiß das Prytaneion erschimmert,
Weiß der Marktplatz erscheint, dann tut ein verständiger Mann not,
Der vor der hölzernen Schar und dem roten Herold euch warne.«
(»Anthologia Graeca« XIV,82)

Nicht bezweifelt wird von Delphi, daß das Ereignis stattfinden wird, aber das Wenn schafft die Unsicherheit: Wann wird das Beschriebene eintreten? Vielleicht überraschend zu einem späteren Zeitpunkt, so daß die Zeichen von den Betroffenen übersehen oder nicht richtig erkannt werden können? So geschah es im Fall von Siphnos. Markt und Prytaneion der Stadt bestanden aus parischem Marmor, als die samische Flotte (›hölzerne Schar‹) und der ›rote Herold‹, das mit Mennige gestrichene Schiff, aufzogen und die Siphnier die Warnung nicht erkannten.

Ein Beispiel für den Skeptizismus, mit dem Thukydides die Orakel beurteilte, gibt sein Kommentar zu dem delphischen Rat an die Athener, das Pelargikon (eine unbebaute Fläche auf der Athener Akropolis) solle besser unbewohnt bzw. ungenutzt bleiben. Als während des Peloponnesischen Krieges jedoch viele Menschen aus der Umgebung innerhalb der Stadtmauern Zuflucht suchten, besetzten sie auch das Pelargikon. Im übervölkerten Athen brach der *limos* (griech.: ›Hunger‹, ›Hungersnot‹), vielleicht auch die Pest, aus, worin die Gläubigen die Strafe Apollons für seinen mißachteten Ratschlag sahen. Thukydides dagegen schreibt, er habe den Eindruck, daß sich das Orakel »umgekehrt« verwirklicht hätte, denn nicht die verbotene Bewohnung des Pelargikon hätte das Übel verursacht, sondern der Krieg hätte die Besetzung des Pelargikon zur Folge gehabt. Immerhin gesteht er Delphi zu, daß es – wenn auch »ohne es ausdrücklich zu sagen« – vorausgesagt habe, die Bewohnung des Pelargikon werde mit Unheil verbunden sein (Thukydides II,17).

Während der jahrzehntelangen Messenischen Kriege zwischen Sparta und Messenien (s. S. 33) kam es zu einem regen Austausch zwischen den sich bekämpfenden Städten und Delphi. Einen der frühen Sprüche an Sparta, der sich 20 Jahre später bewahrheiten sollte, berichtet Pausanias:

»»Nicht mit der Hand nur Kriegstaten zu tun gebietet dir Phoibos,
    Sondern durch Trug hat ein Volk messenisches Land
    Und durch dieselben Künste wird es fallen, durch die es begann.‹
Das gefiel den Königen und Ephoren, doch gelang ihnen trotz ihres Eifers nicht, Listen ausfindig zu machen, und so ahmten sie von den Taten des Odysseus die vor Ilion nach und schickten hundert Männer nach Ithome, die in ihre Pläne eingeweiht waren, als angebliche Überläufer. Die Männer waren auch öffentlich zur Verbannung verurteilt worden. Aristodemos schickte sie jedoch sofort wieder zurück mit der Bemerkung, die Schandtaten der Lakedaimonier seien neu, ihre Schliche aber alt.«   (Pausanias IV, 12,1–2)

Im zwanzigsten Jahr des Krieges nun entschlossen sich die Messener, nach Delphi zu senden, um das Orakel nach dem Kriegsausgang zu befragen. Die Pythia sprach:

»Wer zuerst Dreifüße am Altar des Zeus Ithomatas
    Aufstellt an Zahl zweimal fünf Zehner, dem gibt
    Der Gott mit dem Kriegsruhm das messenische Land.
    Denn so hat Zeus bestimmt. Betrug stellt dich voran,
    Doch die Sühne folgt, und Gott täuschst du nicht.
    Tue, wie das Schicksal gebeut; Unheil trifft andere vor anderen.‹
Als sie das hörten, glaubten sie, das Orakel sei zu ihren Gunsten ausgefallen und gebe ihnen den Sieg im Kriege; denn da sie das Heiligtum des Ithomatas in ihren Mauern hätten, würden die Lakedaimonier ihnen mit der Aufstellung nicht zuvorkommen können. So ließen sie hölzerne Dreifüße herstellen, denn sie hatten kein Geld mehr, um bronzene machen zu lassen. Jemand aus Delphi meldete aber den Spruch nach Sparta. Wie sie das erfuhren, fiel ihnen öffentlich nichts Gescheites ein; aber Oibalos, der zwar nicht zu den Angesehenen gehörte, aber, wie er bewies, verständig war, stellte hundert Dreifüße aus Lehm her, so gut er konnte, und trug sie in einem Sack versteckt und auch Netze mit ihnen wie ein Jäger.«   (Pausanias IV,12,7–9)

So kam er den Messenern zuvor, deren ›hölzerne Dreifüße‹ noch nicht fertiggestellt waren. Bald danach wurden die Messener besiegt – tatsächlich hatten die Spartaner also nach 20 Jahren mit ›Trug‹ Erfolg.

Als Philipp II., König von Makedonien und Vater Alexanders des Großen, gegen die Perser zu Felde ziehen wollte, ließ er in Delphi anfragen, ob er siegen werde. Die Pythia orakelte: »Gekrönt ist der

Stier, die Zeit ist gekommen, der Opferer ist gefunden.« Philipp verstand nicht, daß ›Opferer‹ seinen eigenen Mörder meinte. Statt dessen sah er in dem Orakel schon die Feierlichkeiten voraus, die seinem Sieg folgen würden. Philipp II. wurde noch vor dem Feldzug, den dann Alexander an seiner Stelle unternahm, im Sommer 330 v. Chr. ermordet. Als er das mit Zuschauern gefüllte Theater seiner Hauptstadt Aigai betrat, um die im großen Stil gefeierten athletischen Wettkämpfe zu verfolgen, stieß ihm sein Leibwächter einen Dolch ins Herz.

Von dem einzigen Orakel, das sich auf einen Priester bezog, berichtet Plutarch. Das Delphi benachbarte Heiligtum des Herakles Misogynes (griech.: ›Frauenhasser‹) forderte von seinen Priestern das Zölibat, so daß in der Regel dort nur Greise als Priester dienten. Als jedoch um das Jahr 100 n. Chr. ein junger Mann, Koretas mit Namen, Herakles-Priester wurde, verliebte er sich in eine junge Frau. Verwirrt suchte er Rat beim Delphischen Orakel. Der pythische, von Plutarch überlieferte Spruch zeugte von der Toleranz des Apollon Pythios: »Was nicht zu vermeiden ist, gestattet der Gott.«

Nicht wenige Orakelsprüche wurden später sprichwörtlich gebraucht. »Störe nicht Kamarina; es bleibe besser ungestört . . .« war eine Redensart, die sich auf Menschen bezog, die ihr Unglück selbst herbeiführten: Die Einwohner von Kamarina (Sizilien) beabsichtigten, ihren gleichnamigen See trockenzulegen. Delphi wurde befragt, und der zitierte Orakelspruch erging. Die Einwohner aber befolgten ihn nicht, und so konnten sich die Syrakuser über den ausgetrockneten See Kamarina nähern, die Stadt belagern und schließlich erobern.

Als Polykrates, der mächtige Herrscher von Samos (6. Jh. v. Chr.), die Feiern auf Delos neu organisieren wollte, fragte er Delphi, ob diese Feiern den traditionellen Namen Delia beibehalten oder in Pythia umbenannt werden sollten. Die Antwort lautete, beides, sowohl Pythia als auch Delia. Da Polykrates bald darauf seinen tragischen Tod fand – nach Sardeis gelockt und dort gekreuzigt wurde –, wandelte sich der Orakelspruch in die Redensart: »Es kann dir gleichgültig sein, ob Pythia oder Delia; es ist deine letzte Chance.«

Auch der dem Kroisos gegebene Orakelspruch der Pythia: »Wohl weiß ich, wieviel Sand am Meer . . .« (s. S. 71) wurde sprichwörtlich benutzt – für Menschen, die Unwahrscheinliches im voraus zu wissen glaubten.

Wie Sandkörner am Meer sind auch die delphischen Anekdoten. Bevor Alexander der Große gegen die Perser zu Felde zog, soll er Delphi aufgesucht haben, allerdings an einem Tag mit ungünstigen Omen. Die Pythia weigerte sich daher, das Adyton zu betreten. Erzürnt soll Alexander sie zum Dreifuß gezerrt haben, woraufhin sie ausrief: »Dir kann niemand widerstehen, mein Sohn!« Damit gab sich Alexander schon zufrieden.

Die Einwohner von Delos baten einmal, in parteipolitischen Hader verstrickt, Delphi um Rat. Die Pythia empfahl ihnen, das Volumen ihres Apollon-Altars zu verdoppeln. Zurück auf Delos begannen sie einen neuen Altar in Länge, Höhe und Breite jeweils doppelt so groß wie sein Vorgänger zu errichten. Bald bemerkten sie, daß sie ihn so mehr als verdoppelt hatten. Daraufhin wandten sich die Delier an den Philosophen Platon, der ihnen erklärte, daß die Verdopplung des Würfels ein schwieriges mathematisches Problem sei. Apollon habe sie mit diesem Problem konfrontiert, um ihren Geist von den kleinlichen machtpolitischen Kämpfen auf hohe, uneigennützige Aufgaben zu lenken.

Auch folgende Anekdote wurde erzählt: Einst wollte ein Mann die Pythia auf die Probe stellen. In seiner geschlossenen Hand hielt er einen Spatz und war bereit, ihn entweder lebend oder tot vorzuzeigen, je nach der Antwort der Pythia. Er fragte: »Halte ich etwas Lebendes oder etwas Totes in der Hand?« Die Pythia entgegnete ihm: »Du kannst es lebend oder tot zeigen; beides liegt in deiner Macht.«

Der griechische Stadtstaat Megara gründete 660 v. Chr. aufgrund eines Orakelspruchs die Kolonie Byzanz (das spätere Konstantinopel/Istanbul). Tacitus berichtet, das Orakel habe ihnen geheißen, die Stadt gegenüber der ›Stadt der Blinden‹ zu errichten. Mit diesem Rat spielte Delphi an auf die ungünstigere Lage der älteren Stadt Chalkedon, deren Erbauer, ›mit Blindheit geschlagen‹, die herrliche Landschaft und die strategische Bedeutung der europäischen Seite des Bosporus nicht erkannt hatten.

Noch in den Zeiten seines Niedergangs fand das Delphische Orakel tröstende Worte für das hart geprüfte Athen – eine Art Übereinstimmung zwischen den beiden Bollwerken des griechischen Geistes?

Die Pythia gab Athenern, die aus der von Sulla belagerten Stadt geflohen waren und das Orakel fragten, ob jetzt Athen zerstört würde, folgenden Spruch: »Verzweifelt nicht, schmiedet weiterhin Pläne –

denn Ihr schwimmt wie ein Schlauch selbst über den Wogen des Meeres.«

Christen haben im Kampf gegen die heidnischen Götter, manchmal auch Apollon und die Pythia ›benutzend‹, falsche Orakelsprüche in Umlauf gesetzt. Sollte folgendes Orakel stimmen, das Eusebios, Bischof von Kaisareia, ein vehementer Gegner des Delphischen Orakels, erzählt, so bezeugt es allerdings die ›Unfehlbarkeit‹ Apollons:

»Ein hebräischer Knabe, größer als alle Götter, befiehlt mir
Dieses Haus zu verlassen, in den Hades zurückzukehren.
Verlaß also schweigend unsere Altäre.«

Dies soll die Pythia dem Kaiser Augustus geantwortet haben, als er zu wissen begehrte, wer sein Erbe antreten werde. Zunächst schwieg die Pythia, als aber der römische Kaiser auf seiner Frage beharrte, erhielt er jenen Spruch. Augustus starb im Jahre 14 n. Chr.

Eusebios hat uns auch die Antwort Delphis an die Männer Nikaias (heute Iznik, Türkei) überliefert, die seinerzeit angefragt hatten, ob sie weiterhin Apollon Opfer darbringen sollten:

»Nicht mehr möglich ist es, dem Orakel von Pytho
Neuen Atem einzuflößen. Die lange Zeit hat ihn geschwächt;
Selbst auferlegt hat es sich das unprophetische Schweigen.
Opfert dennoch dem Phoibos, wie uralter Brauch es verlangt.«

Sakrale Feiern

Die altgriechischen Feste und Wettkämpfe wurden zu Ehren der Götter begangen. Es waren religiöse Feiern, deren Kern die rituelle Wiederholung mythischer Ereignisse bildete und die so den Mythos die Jahrhunderte hindurch lebendig hielten. Inwieweit die Feiern allmählich zu einer Mischung aus Glauben, Aberglauben und formalem Ritual wurden, wissen wir nicht; denn insbesondere die Feiern – ihr Geist und ihre Atmosphäre – sind Produkte ihrer Zeit und entziehen sich dem Versuch, sie mit heutigem ›modernem‹ Denken zu erfassen.

Die Pythien

Das Jahr 582 v.Chr. gilt als der offizielle Beginn der Ära der – schon in früherer Zeit abgehaltenen – Pythien, der glanzvollsten und heiligsten Feier Delphis. Wie die Olympischen besaßen auch die Pythischen Spiele panhellenische Bedeutung. Sie fanden alle vier Jahre – im dritten Jahr nach jedem Olympischen Spiel – im Monat Bukatios (August/ September) statt. Ihre Teilnehmer kamen aus allen Stätten der hellenischen Welt. Sechs Monate vor Beginn der Spiele entsandte der Rat der Amphiktyonie, der seit 590 v. Chr. die Wettkämpfe leitete, Herolde (griech.: *spondophoroi*) über Land und Meer, um den heiligen Waffenstillstand zu verkünden und zu den Pythien zu laden. Zugleich begann Delphi mit den Reparaturen des Gymnasions (s. S. 130 ff.), in dem die Athleten trainierten. Hergerichtet wurden auch das Stadion (s. S. 156, 158), das Hippodrom und später, als Delphi ein Theater (s. S. 154 ff.; Umschlagvorderseite; Abb. 60) besaß, auch dieses. Am neunten Tag des Monats Bukatios fanden die musischen und am zehnten die athletischen Agone statt. Gekämpft wurde allein um den Ruhm: Die Sieger, besungen von Dichtern wie Pindar (»Pythische Oden«), erhielten einen Kranz, gewunden aus dem heiligen Lorbeer Apollons – eine

29 Bronzestatuette eines Mannes, der Doppelflöte spielt. Anfang des 5. Jhs. v. Chr. Delphi-Museum

30 Bronzestatuette eines Athleten, Mitte des 5. Jhs. v. Chr. Delphi-Museum

Ehrung, die den Sieger selbst, seine Familie und seine Heimatstadt einbezog. Das Prestige eines Sieges in Delphi stand nur einem Olympia-Sieg nach.

Die Pythien unterschieden sich von den Olympischen Spielen dadurch, daß sie ursprünglich rein musische Wettkämpfe waren, bei denen Dichtkunst und Musik eine bedeutende Rolle spielten. Stets genoß die von Flöte (Abb. 29) und Leier begleitete Dichtung Vorrang. Der Wettstreit wurde eröffnet mit dem »Pythikos Nomos«, einem fünfteiligen ballettähnlichen Stück, das das mythische Ereignis, Apollons Kampf gegen Python, nachvollzog: Apollon wählt den Ort des

Kampfes, reizt den Python, überwältigt ihn, und seinem Sieg folgt sein Triumphtanz. Die Szenen wurden umrahmt von Chorgesang und Flötenspiel.

Zu den später hinzugefügten athletischen Disziplinen (Abb. 30) zählten – wie auch in Olympia – neben dem einfachen Wettkampf der Ring- und Faustkampf, Weitsprung und Fünfkampf. Im Hippodrom auf der Krisaiischen Ebene bildete das bei den Reichen und Mächtigen – jenen, die sich die Pferde und Gespanne leisten konnten – beliebte Wagenrennen einen festlichen Höhepunkt.

Der Sieger eines Wettkampfes weihte traditionsgemäß seine *tainia* (griech.: ›Siegerbinde‹) dem Apollon-Tempel, dem ›Tempel der vielen Siegerbinden‹ (s. S. 151). In diesem Zusammenhang faszinieren einige – seltene – Darstellungen des Gottes, in denen er als Athlet an einem Wettkampf teilnimmt oder, an einen Pfeiler mit Dreifuß gelehnt, ein Salbfläschchen und die *tainia* hält.

Septerion (›Reinigungsfeier‹) oder Stepterion (›Fest der Kränze‹)

Dieses von Plutarch als eine der heiligsten Zeremonien Delphis bezeichnete Fest wurde alle acht Jahre nach altem, teilweise Eingeweihten vorbehaltenem Ritual gefeiert. Ein *pais amphithales,* ein junger Delphier, dessen Eltern noch lebten, ›wiederholte‹ an Apollons Statt die Tötung des Python und die anschließende Sühnefahrt ins Tempe-Tal.

Auf dem Halos (griech.: ›Tenne‹; s. S. 146), gesäumt von Bänken für die Pilger, errichtete man hierfür eine Holzkulisse, die einen Palast oder die Höhle des Python darstellte. Eine Schar junger fackeltragender Delphier, angeführt vom *pais amphithales,* stürmte ins Heiligtum und setzte den Holzbau in Brand. Dann flohen die jungen Männer, verließen Delphi, irrten längere Zeit umher, fasteten, verdingten sich als Knechte, unterzogen sich im Tempe-Tal (Abb. 31) den vorgeschriebenen Reinigungsriten und opferten am dortigen Apollon-Altar. Schließlich erfüllten sie ihre letzte und eigentliche Aufgabe – Lorbeerzweige aus dem Tempe-Tal nach Delphi zu bringen, um die Rückkehr des gereinigten Gottes zu verkünden.

90

31　Das Tempe-Tal. Kupferstich

Die Herois

Die Herois, eine Mysterienfeier, deren geheime Bedeutung allein den Thyiaden bekannt war, folgte auf das Septerion. Vermutlich sollte sie im Ritus die Rückkehr Semeles aus der Unterwelt darstellen. Semele brachte man – wie ihren Sohn Dionysos – mit der Erneuerung der Natur in Verbindung.

Charila

Laut Plutarch vollzog man nach der Herois die Charila, vermutlich eine Sühnezeremonie in Erinnerung an ein gleichnamiges Mädchen: Zur Zeit einer Hungersnot erbat Charila Nahrung vom König, der sie jedoch grob zurückwies; gedemütigt und verzweifelt nahm sie sich das Leben.

Bei der Charila-Feier bestieg ein Delphier als ›König‹ einen nachgebildeten Thron, während neben ihm eine Puppe Charila symbolisierte. Der ›König‹ verteilte Mehl und Gemüse an alle anwesenden Besucher und schlug schließlich die Puppe – wie einst Charila geschlagen worden war. Daraufhin begrub man sie in der Schlucht unterhalb der Kastalischen Quelle, dort, wo man das Grab des Mädchens vermutete.

Die Trieteris des Dionysos

Dieses Fest fand alle zwei Jahre statt und wurde von den Thyiaden, den Priesterinnen des Dionysos aus Delphi, und den Bacchantinnen aus Athen gemeinsam gefeiert. Sie trafen sich beim Schein von Fackeln in der Umgebung der Korykischen Grotte auf den Höhen des Parnassos. Die Zeremonien waren geheim, aber man glaubt, den wilden, ausgelassenen Charakter dieser Feiern in den »Bacchantinnen« des Euripides zu erkennen.

Die Pythaide

Die Pythaide war eine offizielle Prozession, die ursprünglich vier attische Städte – darunter Oinoe und Marathon –, später dann Athen, im Namen aller Bürger zu Ehren des Apollon Pythios nach Delphi entsandten. Ein prachtvoller Zug setzte sich in Bewegung, gebildet von Würdenträgern, Priestern, Reitern, bewaffneten Jünglingen, Musikern, Schauspielern und Dichtern, ferner von Frauen, die in Körben Opfergaben trugen und einen Wagen umgaben, in dem die *pyrophoros* saß, die feuertragende Priesterin, die heiliges Feuer aus Delphi nach Athen zurückbringen würde.

Die Prozession folgte zunächst demselben Weg, den der Panathenäenzug einschlug, dann zog sie über die Heilige Straße (Athen–Eleusis) bis zum Heiligtum des Apollon Daphnephoros (s. S. 54). Anschließend bog sie rechts ab und stieg den Parnes-Berg hinauf bis zum Felsen Harma, um von dort nach Boiotien und Delphi zu gelangen. Die Ankunft in Delphi wurde mit Opfern, Wettkämpfen, Schauspielen und ›Konzerten‹ gefeiert.

Der Felsen Harma, dessen Silhouette, von Athen aus gesehen, an einen Streitwagen (griech.: *harma*) erinnerte, war von großer Bedeutung: Die Pythaide fand zu keinem festgelegten Zeitpunkt statt, sondern nur, wenn ein Blitz über dem Harma niederfuhr. An bestimmten Tagen spähten ›Pythaisten‹ vom Altar des blitzeschleudernden Zeus auf der Athener Akropolis aus, ob ein Blitz über dem Harma zuckte. Dies war offenbar selten der Fall, da Inschriften nur drei Pythaiden im 4. Jh. v. Chr. und vier im 2. und 1. Jh. v. Chr. vermelden. Details über die Prozessionen sind am Schatzhaus der Athener eingraviert.

Die Theoxenie

Bei dieser alljährlich stattfindenden Feier wurden die Götter gleichsam als Gäste bewirtet (*theos,* griech.: ›Gott‹; *xenia,* griech.: ›Gastfreundschaft‹). Die Apollon-Priester luden auch Pindar, den Dichterfürsten, ein, am Festmahl der Götter und Heroen teilzunehmen.

Die Soteria

Die Soteria begingen die Delphier und die übrigen Mitglieder der Amphiktyonie jedes Jahr als Dank für die wundersame Rettung des delphischen Heiligtums bei dem Überfall der Galater im Jahre 279/278 v. Chr. Bei diesen Feierlichkeiten wurde auch Pan, der ›Panik‹ unter den Angreifern verursacht hatte, öffentlich geehrt. Auf dem Programm standen Prozessionen, Opfer sowie ein großes Festmahl, dem musikalische und dichterische Agone folgten.

Delphische Feiern der Neuzeit

In der Neuzeit – und somit zum ersten Mal, seit die byzantinischen Kaiser die Tore der heidnischen Heiligtümer geschlossen hatten – bildeten das Theater und das Stadion von Delphi den Rahmen für Delphische Feiern. Der Dichter Angelos Sikelianos (geboren 1884 auf Leukas) und seine Frau Eva organisierten sie in den Jahren 1927 und 1930. Sikelianos glaubte, daß die alten delphischen Ideale wieder beispielgebende Bedeutung gewinnen könnten. Er hoffte, der ›delphischen Idee‹ durch eine delphische Universität mit Teilnehmern aus aller Herren Ländern internationales Echo zu verschaffen. Zustande kamen Wettkämpfe, Fackelläufe, Tänze und vielgelobte Aufführungen von Tragödien: Während Prometheus gefesselt auf der Bühne stand, erschienen plötzlich die Adler der Phaidriaden und kreisten langsam über den atemlosen Zuschauern, so wie Aischylos es sich vorgestellt hatte – die delphische Landschaft führt ihre eigene Regie des Unerwarteten!

Das Theater verharrt jetzt stumm, eingezäunt im heiligen Bezirk, der abends für die Besucher geschlossen wird. In den Juniwochen jedoch stellt man im Stadion zuweilen eine Holzbühne auf, die ebenso wie die inschriftlich bezeugte Holzbühne des 5. und 4. Jhs. v. Chr. Tragödienaufführungen dient. Heutige Exegeten des antiken Geistes zeigen hier ihre Interpretationen: So präsentierte der Amerikaner Robert Wilson im Jahre 1986 eine interessante, umstrittene und völlig stumme »Medea«. Es gelang ihm durch nahezu unerträglich langsame Gestik der Frau – die ihre Kinder ermordet, um ihren untreuen Mann zu verletzen –, zugleich eine heutige ausweglose Verzweiflung, die sich nicht zu artikulieren weiß, und das uralte Ritual des Menschenopfers zu suggerieren.

Italiotische Vasen – Die Ausstrahlung Delphis

Vasen griechischen Stils, die italiotischen Vasen, wurden zwischen 430 v. Chr. und 290 v. Chr. in der Magna Graecia (Süditalien, Sizilien) gefertigt. Auch Apollon und Delphi sind auf ihnen dargestellt. Die Vasenmaler jener Epoche ließen sich von den altgriechischen Tragödien – des Aischylos, Sophokles oder Euripides – inspirieren, manchmal sogar unmittelbar von entsprechenden Aufführungen im Theater. Dies hebt die Archäologin Helene Cassimatis hervor, die sich mit antiker Ikonographie beschäftigt.

Der antike Künstler ist neben den der Kunst im allgemeinen eigenen Konventionen speziell gebunden durch diejenigen der Ikonographie. Um sich verständlich zu machen, muß er aus einem Reservoir an bekannten und identifizierbaren Motiven schöpfen. Auf der beschränkten Fläche, die er bemalt, kann der Künstler nicht immer alles zeigen, was er ausdrücken möchte. So greift er häufig auf eine Anspielung zurück, benützt die Bildzeichen, die ihm zur Verfügung stehen. Auf diese Weise entsteht eine Kurzschrift, deren Zeichen zunächst eindeutig, allmählich aber, mit weiteren Bedeutungen angereichert, mehrdeutig werden, so daß sie entsprechend dem jeweiligen Kontext unterschiedlichen Sinn entfalten. Man gelangt zu einer teils sehr komplexen Bedeutungsvielfalt der einzelnen Motive, deren Botschaft nun nicht mehr ohne weiteres verständlich ist. Die Darstellung ist nicht nur Illustration eines Textes; oft ist sie ein Text *an und für sich,* der als solcher gelesen und verstanden werden muß.

Interessant zu verfolgen ist, wie eine Kultur nicht allein durch materielle und somit konkrete, faßbare Güter exportiert wird, sondern auch durch die geschriebenen, gesprochenen, gespielten Ideen, Kulte und Bräuche oder durch Bilder, die eben dies festhalten. Von diesem ›Export‹ aus dem hellenischen Mutterland sollen hier einige Beispiele aus der Kunst des 4. Jhs. v. Chr. in Süditalien (Magna Graecia) gegeben werden.

Legenden zum Farbteil

1 Apollon-Tempel
2 Gesamtansicht der heiligen Stätte
3 Die Heilige Straße führt vorbei am Schatzhaus der Athener
4 Die Kastalische Quelle
5 Das Forum mit Resten einer Säulenhalle und Geschäftsnischen
6 Die Tholos im Heiligtum der Athena Pronaia
7 Der Wagenlenker. Bronze, gestiftet 475 v. Chr. Delphi-Museum
8, 9 Herakles trägt den lebend gefangenen erymanthischen Eber, während Eurystheus sich furchtsam in einem Gefäß versteckt. Bronzereliefs, 6. Jh. v. Chr. Delphi-Museum
10 Odysseus (oder einer seiner Gefährten) stiehlt sich unter einen Widder gebunden aus der Höhle des Kyklopen Polyphem. Früharchaisches Bronzerelief. Delphi-Museum
11 Apollon von Piräus. Bronze, um 530 v. Chr. Piräus-Museum
12 Apollon und Artemis zielen auf die Giganten. Detail der Gigantomachie am Nordfries des Schatzhauses der Siphnier. Parischer Marmor, um 530–525 v. Chr. Delphi-Museum
13 Die Tänzerinnen der Akanthus-Säule, ursprünglich Basis eines Dreifußes. Parischer Marmor, 2. Hälfte des 4. Jhs. v. Chr. Delphi-Museum
14 Gesicht eines Gottes (Apollon?) aus brandgeschwärztem Elfenbein mit Haar aus Goldblech. 6. Jh. v. Chr. Delphi-Museum

3.

4

6 ▷

7

8

10

9

11

14

Unter den literarisch inspirierten Vasenbildern, die eine in Delphi spielende Szene zeigen, sei eine Lekythos des 4. Jhs. v. Chr. aus Paestum erwähnt (Abb. 32). Das Bild stellt die Reinigung des Orestes durch Apollon dar. Die Szene ist den »Eumeniden« des Aischylos entnommen: Der junge Muttermörder Orestes sitzt in Reisekleidung auf dem Altar des Heiligtums, das durch eine Säule angedeutet wird, und wartet. Seinen Dolch, der für ihn charakteristisch ist und ihn von einem einfachen Reisenden unterscheidet, hält er in der Hand. Apollon, erkennbar an dem Lorbeerzweig, reinigt Orestes mit dem Blut eines geschlachteten Ferkels, welches er in Richtung auf Orestes schwingt. Hinter dem imposant dargestellten Gott steht seine Mutter Leto, eine Krone auf dem Haupt, im Hintergrund erscheinen, von Schlangen umgeben, die Erinnyen; rechts sind Artemis als Jägerin und die Priesterin abgebildet. Bemerkenswert ist, daß die erkennbaren Personen

32 Die Reinigung des Orestes. Lekythos aus Paestum. Paris, Louvre

auf den in der Szene eingeritzten Inschriften nicht genannt werden. Hier genügen die Attribute, um das Geschehen zu identifizieren.

33 Tod des Neoptolemos in Delphi. Volutenkrater aus Apulien, Mitte des 4. Jhs. v. Chr. Mailand, Sammlung Torno

Auf einem rotfigurigen Volutenkrater aus Apulien (Abb. 33) wird der Tod von Neoptolemos dargestellt, inspiriert von der Tragödie »Andromache« des Euripides. Alle Elemente, die das apollonische Heiligtum bezeichnen, sind vorhanden: der Dreifuß, der Omphalos, die Palme – wobei Dreifuß und Palme an den Seiten des Tempels stehen, der im Hintergrund mit halbgeöffneter Tür erkennbar ist, und der Omphalos im Vordergrund neben dem Altar plaziert ist. Als ob all dies nicht ausreiche, hat der Maler Apollon, *in persona* und dazu seinen Namen nennend, rechts neben dem Tempel hinzugefügt; links steht die Priesterin mit dem Schlüssel in der Hand. Ein zweiter, weit einfacherer Dreifuß ist neben der Palme zu unterscheiden und weist wahrscheinlich auf eine Delphi geweihte Opfergabe hin.

Häufung der Zeichen, anhaltendes Augenzwinkern, Wiederholungen, die auf die Mythen, die Geschichte, auf zahlreiche legendäre oder wirkliche Ereignisse hinweisen: Homer und seine »Ilias« sind präsent in der Person des Neoptolemos, des Achilleus' Sohn, der am Altar, Opfer und Asylstätte zugleich, Schutz sucht. In der Tat setzten sich Asylsuchende auf dem Altar eines Heiligtums nieder, um Schutz zu

34 Orestes sucht Zuflucht am Omphalos im delphischen Apollon-Tempel. Kelchkrater aus Apulien, um 360 v. Chr. Leningrad, Ermitage

111

finden. Doch wurde dieser nicht immer gewährt, und das Opfer ist in diesem Falle Neoptolemos, denn Orestes, hinter dem Omphalos kauernd, wird ihn töten. Die hohe Palme, die die Szene nach rechts abschließt, ist zugleich delisches und delphisches Sinnbild: Sie erinnert an die Palme, in deren Nähe Apollon auf Delos geboren wurde, aber auch an die bronzene Palme, welche die Athener dem Gott nach ihrem Sieg in der Schlacht am Eurymedon in Kleinasien (468 v. Chr.) darbrachten. Der Omphalos wird als ein wertvoller Gegenstand dargestellt, eingebettet in einen kunstvoll bearbeiteten Sockel und mit kleinen Motiven verziert, die das Agrenon andeuten, mit dem man den Omphalos verkleidete.

Ein Omphalos, diesmal mit gut erkennbarem Agrenon bedeckt, erscheint auf einem Kelchkrater aus Apulien (Abb. 34). Dieses Symbol befindet sich im Inneren des Tempels, und der Jüngling Orestes sitzt angelehnt an den Omphalos, den er mit seinem linken Arm umfaßt, während er in der rechten Hand seinen Dolch hält. Entsetzt flieht die Priesterin mit dem Schlüssel in der Hand; die Erinnyen regen sich am Fuße des Sockels. Nur die zur Lektüre unabdingbaren Zeichen sind da, und die Sparsamkeit an Elementen beeinträchtigt die Klarheit der Darstellung nicht. Das Interessante an diesem Bild liegt hauptsächlich in der Rolle, die der Omphalos als Zufluchtsstätte spielt. Der Altar, die traditionelle Zufluchtsstätte, wird zugunsten des Omphalos verdrängt, ohne jedoch zu verschwinden; man erahnt ihn aufgrund der zwei gemalten Stufen – eine seltene Art der Darstellung. Der Künstler hat sich von einem literarischen Text, Aischylos' »Eumeniden«, und vor allem von einer bestimmten Theateraufführung inspirieren lassen.

Delphische Bauten und Denkmäler

Wiederentdeckung und Freilegung der Heiligtümer

Die berühmte Schlangensäule von Plataiai war eines der letzten Weihgeschenke, das aus Delphi entführt wurde. Kaiser Konstantin der Große ließ sie im 4. Jh. n. Chr. in die Hauptstadt des Oströmischen Reiches überführen. Noch heute stehen im Hippodrom von Konstantinopel/Istanbul die ineinandergeflochtenen Bronzeschlangen (Abb. 35), denen die Namen jener 31 griechischen Städte eingraviert sind, die 479 v. Chr. die persische Großmacht besiegten. Die meisten der unermeßlich wertvollen Schätze des Apollon-Heiligtums waren

35 Die Schlangensäule von Plataiai auf dem Hippodrom zu Konstantinopel/
Istanbul. Faltblatt. Wien, Österreichische Nationalbibliothek

113

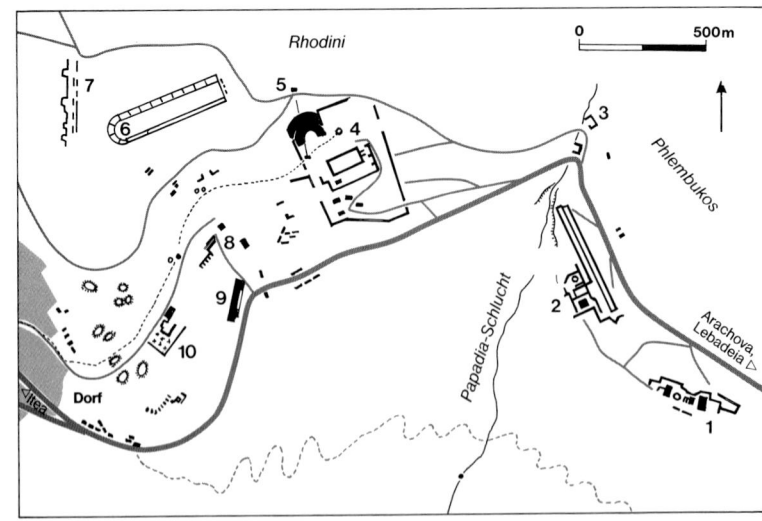

A Delphi und die Marmaria: 1 Heiligtum der Athena Pronaia 2 Gymnasion
3 Kastalische Quelle 4 Apollon-Heiligtum und Theater 5 Brunnenhaus Kerna
6 Stadion 7 Befestigungen der Phoker 8 Haus der Französischen Schule
9 Delphi-Museum 10 Kirche und Friedhof

schon lange zuvor geraubt, zerstört oder eingeschmolzen worden.
Nero allein hatte 500 Statuen nach Rom bringen lassen. Überfälle der
Kelten und Galater sowie christlicher Fanatismus taten ein übriges.

Über den delphischen Tempeln und Schatzhäusern wuchs seit dem
5. Jh. n. Chr. eine Kleinstadt. Sie wurde zum Bischofssitz. Daran erinnert das schöne Fußbodenmosaik einer Basilika – heute vor dem
Museumsgebäude. Das Schatzhaus der Athener wurde zunächst zur
Wechselstube; die Namen der frühen ›Bankiers‹, die hier ihre Geschäfte abwickelten, sind in die Marmorplatten eingeritzt. Irgendwann
wurde dieses Haus ebenso wie die meisten anderen Bauten des alten
Delphi unter Stein- und Erdlawinen begraben.

In ihrer Polemik gegen Apollon und sein Orakel behaupteten einige
der christlichen Kirchenväter, das aus dem Boden des Parnassos strö-
mende *pneuma* (der aus dem Erdspalt, *chasma ges,* entweichende
›Dunst‹) im Apollon-Tempel hätte dem dort herrschenden heidni-

114

schen Gott das Prophezeien ermöglicht. Also nicht der Geist Apollons, sondern der Geist des Ortes?

Verblüffend wirkt die Nachricht, daß ein hier im 9. Jh. geborener christlicher Heiliger wegen seiner prophetischen Begabung geehrt wurde. Hosios Lukas (896–953 n. Chr.), unterhalb der Mauern des Apollon-Tempels aufgewachsen, lebte als Eremit am Helikon und sagte dem byzantinischen Kaiser Romanos II. einen Sieg über die Araber voraus. Als sich diese Prophezeiung 20 Jahre später bewahrheitete, ließ der Kaiser eine Kirche am Grab des Lukas errichten. Der über ein Jahrhundert später fertiggestellte Gebäudekomplex – mit prachtvollen Mosaiken auf Goldgrund in der Klosterkirche – bei Stiris ist das eindrucksvollste christliche Denkmal in der Umgebung von Delphi (Abb. 36).

Die Geschichtsschreibung verzeichnet in den folgenden Jahrhunderten keine Besucher in Kastri, wie Delphi im Mittelalter hieß. Cyriacus von Ancona (1391–1455), der wiederholt Griechenland bereiste und dort antike Inschriften sammelte, will in Delphi die später verschollenen, dem Spartaner Lykurgos und dem Lyderkönig Kroisos gel-

36 Große und kleine Kirche des Klosters Hosios Lukas

tenden Orakelsprüche gesehen haben. Im Jahre 1676 dann landeten die Forschungsreisenden George Wheler und Jacques Spon in Itea und suchten, orientiert durch Herodot und Pausanias, das verschüttete Apollon-Heiligtum, welches lange im 15 km entfernten Amphissa vermutet wurde. Spon und Wheler entdeckten die Kastalische Quelle und in der Bodenplatte einer Kirche, die im Gymnasion (s. S. 130 ff.) stand, eingeritzt das Wort $\Delta E \Lambda \Phi OI$ (Delphoi/Delphi). Dennoch blieben die wenigen Besucher der Stätte weiterhin auf Mutmaßungen angewiesen. Lord Byron glaubte z. B. 1812 im antiken Stadion die Höhle der Pythia entdeckt zu haben.

Im 19. Jh. wetteiferten Franzosen und Deutsche um die Freilegung Delphis. Ernst Curtius schrieb am 10. Dezember 1838 aus Athen: »Es ist nämlich der Plan, das Dorf zu kaufen und das alte Delphi aufzugraben« (s. S. 172 ff.). Seine zweite Reise unternahm er dann mit Carl Otfried Müller (s. S. 175 ff.), der als erster einen der schönsten Teile des Apollon-Heiligtums entdeckte, die dem Tempel vorgelagerte, stützende Polygonalmauer aus dem 6. Jh. v. Chr. versehen mit 800 Inschriften aus späterer Zeit.

Als die Archäologie zu einer europäischen Prestigefrage wurde und die Suche nach Tempelruinen und Skulpturen eine Art ›Goldrausch‹ auslöste, begannen auch in Griechenland die Ausgrabungen. 1860–62 und 1880 führten Mitglieder der École Française d'Archéologie (Französische Archäologische Schule) Grabungskampagnen durch. Im Jahre 1891 erhielten die Franzosen nach vielen Schwierigkeiten die offizielle Grabungslizenz für Delphi. Noch aber war das größte Hindernis nicht beiseite geräumt: das Dorf Kastri, welches sich über dem einstigen Apollon-Heiligtum ausgebreitet hatte. Kastri mußte über 1 km westwärts versetzt werden, wobei zornige Proteste der Bevölkerung natürlich nicht ausblieben. Härter noch war der Widerstand, den die Natur leistete: Im Athena Pronaia-Heiligtum in der Marmaria standen bei Grabungsbeginn noch 15 Säulen aufrecht; 12 von ihnen wurden am 26. März 1905 durch einen Bergsturz zerstört. Eine weitere Katastrophe ereignete sich am 9./10. Dezember 1935, als ein großer Teil des Apollon-Heiligtums mehrere Meter hoch verschüttet wurde.

Trotz dieser Widrigkeiten haben die 1892 unter Leitung von Theophile Homolle systematisch einsetzenden Ausgrabungen Sensationelles zutage gefördert. Am 10. April 1893 stieß man im heiligen Bezirk Apollons auf das Schatzhaus der Athener (Farbabb. 3; Abb. 28, 52;

116

37 30.5.1893 – Die Statue des Kleobis wird freigelegt

Plan E, Nr. XI; s. S. 142 f.). Einen Monat später wurde westlich des Schatzhauses eine überlebensgroße Jünglingsstatue gefunden, die erst nach längerer Zeit als Kleobis identifiziert werden konnte (Abb. 37). Zwei Jahre danach, am 28. Mai 1894, gab die Erde eine zweite, ähnliche Marmorskulptur frei – Biton. Das Geheimnis dieser beiden archaischen Statuen (Frontispiz; Saal IV) schien gelöst, als man folgende von Herodot überlieferte Legende auf sie bezog: Die beiden Söhne, Kleobis und Biton, der Hera-Priesterin im Tempel zu Argos spannten sich eines Tages, als keine Zugtiere zur Verfügung standen, vor den Wagen ihrer Mutter, um sie rechtzeitig in das Heiligtum zu geleiten. Dort angekommen, erbat sie für ihre Söhne, die erschöpft eingeschlafen waren, das höchste Glück, das Erdenmenschen zuteil werden könnte. Hera erfüllt die Bitte ihrer Priesterin, indem sie Kleobis und Biton nicht wieder aus ihrem Schlaf erwachen ließ.

Kürzlich hat man allerdings eine abweichende These vorgetragen: Die beiden Statuen sollen demnach nicht Kleobis und Biton, sondern das Dioskurenpaar Kastor und Polydeukes (Pollux) darstellen, die Brüder der schönen Helena und der Klytaimnestra.

Bereits am 13. Juni 1893 hatte man übrigens das Standbild des Antinoos (Abb. 38, 39) – des jugendlichen Geliebten Kaiser Hadrians – frei-

117

38　Statue des Antinoos. Parischer Marmor, 130–138 n. Chr. Delphi-Museum

39 13.7.1893 –
Die Statue des
Antinoos kommt
ans Licht

gelegt. Der Kaiser hatte Antinoos – nach seinem Tod in den Fluten des Nil – göttliche Ehren gewährt, und im ganzen römischen Reich, so auch im besetzten Griechenland, Antinoos-Statuen errichten lassen.

Die alten Griechen pflegten beschädigte oder auch durch den Feind entweihte Statuen in Gruben, Aufschüttungen oder Stützmauern zu verbergen, stets aber innerhalb des heiligen Bezirks. Dieser Sitte verdanken wir, daß einige seltene lebens- oder überlebensgroße Bronzestandbilder aus archaischer und klassischer Zeit unter der Erde erhalten blieben; andere, bei Schiffsbrüchen versunken, fand man auf dem Meeresgrund. Alle übrigen großen Bronzestandbilder sind eingeschmolzen worden, um das Metall für Waffen oder Schmuck zu gewinnen. Marmorkopien aus römischer Zeit geben nur einen Abglanz dessen wieder, was die griechischen Originale einst waren.

Eingemauert in der Terrasse, die im 4. Jh. v. Chr. durch Aufschüttungen im Norden des Tempels angelegt wurde, ruhte einer der prächtigsten Funde, den die Archäologen in Delphi retten konnten: der bronzene Heniochos, der Wagenlenker (Farbabb. 7; Abb. 40). Verletzt gelangte er ans Tageslicht – 10 m entfernt von Kopf und Körper fand man die zu ihm gehörenden Füße. Eine Inschrift weist dieses Meisterwerk frühklassischer Bronzekunst aus als ein Weihgeschenk (um

119

40 Haupt des
Wagenlenkers.
Bronze, gestiftet
475 v. Chr.
Delphi-Museum

470 v. Chr.) des Polyzalos. Heute steht die kraftvolle, grünlich patinierte Jünglingsgestalt, die einst ein Viergespann lenkte (Schweif und Beine der Pferde sind in Vitrinen ausgestellt) in hochgegürtetem Faltengewand, mit lockigem Haar, den Zügel in der Hand im Delphi-Museum (Saal XII). Seine Augen sind im Unterschied zu den meisten antiken Statuen nicht leer, sondern gefüllt mit Email und je einem Onyx als Pupille.

Man weiß nicht, ob der inschriftlich bezeugte Polyzalos selbst oder sein Wagenlenker dargestellt ist, und auch nicht, ob Polyzalos die Quadriga zum Dank für seinen eigenen Sieg bei einem Wagenrennen in Delphi (478 oder 474 v. Chr.) oder für den seines Bruders Hieron (470 v. Chr.) stiftete; geschaffen jedenfalls wurde das Kunstwerk von Sotades aus Thespiai in Boiotien. Bekannt ist auch, daß nordöstlich des Apollon-Tempels an der sogenannten Kreuzung der Dreifüße prachtvolle Weihgeschenke der vier Brüder aus Syrakus (Gelon, Hieron, Thrasybulos und Polyzalos) aufgestellt waren. Gelons Weihgeschenk allein – ein goldener Dreifuß von Siegesgöttinnen gestützt – soll 50 Talente (1850 kg) gewogen haben. Die Widmung in korinthischem Alphabet (Syrakus war von Korinth aus gegründet worden) galt Apollon, dem für den Sieg gedankt wurde: Die sizilischen Griechen hatten gegen die Karthager einen ebenso entscheidenden Überlebenskampf auszufechten wie die Griechen des Mutterlandes gegen die Perser. Unter Gelons und Hierons Führung gelang es ihnen, das gewaltige Heer der Karthager 480 v.Chr. in der Schlacht von Himera (Nordküste Siziliens) zu besiegen – im Jahr und vielleicht sogar am Tag der Schlacht bei Salamis.

In der Nähe der Wagenlenker-Statue entdeckten die Ausgräber auch Giebelfiguren des Apollon-Tempels (Abb. 8), den die Alkmaioniden zwischen 513 und 505 v.Chr. hatten errichten lassen. Nach der Zerstörung des Heiligtums durch das Erdbeben des Jahres 373 v.Chr. wurden sie – vermutlich beschädigt – in der Terrasse begraben (s. S. 119).

Schon zu Beginn der Arbeiten in Delphi stellten die Archäologen fest, daß das Pflaster der sogenannten Heiligen Straße (ein ›Kunstname‹ der Archäologen des 19. Jhs. für den Prozessionsweg, der im Altertum allerdings streckenweise anders verlief; Farbabb. 3) aus Steinen bestand, die den umliegenden Gebäuden entnommen waren. Daraus folgerten sie, daß Tempel und Schatzhäuser bereits zerstört waren, als die Straße gepflastert wurde. In römischer Zeit? So vermutete man zunächst. Doch die Entstehungszeit mußte letztlich später angesetzt

B Delphi-Museum

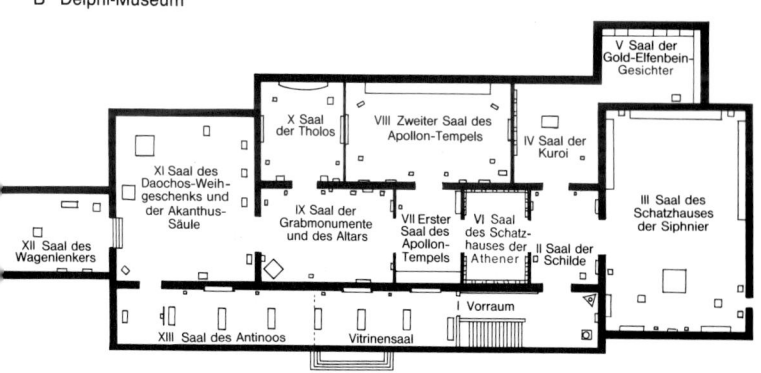

werden: Die Heilige Straße soll erst als Geschäftsstraße für die byzantinische Stadt angelegt worden sein.

Kurz vor dem Zweiten Weltkrieg begann die ›Operation Abpflasterung‹, zum einen, um die teils mit Inschriften geschmückten Steinblöcke herauszulösen, zum anderen, um die darunter liegenden Erdschichten zu sondieren, wobei man weitere Inschriften und Architekturfragmente fand. In einer Grube unter dem Pflaster vor dem Schatzhaus der Athener entdeckte man bronzene Weihstatuetten des 8./7. Jhs. v. Chr. (Abb. 17) – die frühesten Gaben an Apollon.

Die Sensation harrte der Archäologen allerdings südöstlich der Polygonalmauer. Pierre Amandry (1969–81 Direktor der École Française d'Archéologie, Athen) stieß hier im Mai 1939 auf einen atemberaubenden Schatz: einzigartige Göttergesichter aus Gold und brandgeschwärztem Elfenbein, Gold- und Elfenbeinschmuck, Teile eines Silberstiers – all das fast vollständig in sich zusammengesunken. Offensichtlich hatten die Delphier im 5. Jh. v. Chr. im Herzen des Heiligtums unterhalb des wegen seiner runden Form Halos (griech.: ›die Tenne‹), genannten Festplatzes beschädigte, entweihte Kunstwerke zusammen mit einfachen Eisennägeln und wertlosem Werkzeug in zwei breite, flache Gruben (5,70 m lang/2 m breit/0,80 m tief bzw. 1,50 m lang/ 0,80 m breit/0,70 m tief) geworfen. Die Körper der Götterstatuen und des Stiers bestanden aus Holz, so daß sie, in der Grube verbrennend, zusammensackten und Platz schufen für weitere Weihgaben.

Während der Kriegsjahre 1940–44 wurden die gold-elfenbeinernen Funde erneut ›begraben‹, diesmal in den Panzerschränken der Bank von Griechenland. Nach langwieriger Reinigung und Restaurierung konnten sie schließlich 1978 der Öffentlichkeit zugänglich gemacht werden. Heute sind die prachtvollen Überreste der Weihgaben des 8.–5. Jhs. v. Chr. in Saal V des Delphi-Museums ausgestellt: das männliche Elfenbeingesicht aus attischer oder kykladischer Werkstatt (6. Jh. v. Chr.; Farbabb. 14) mit eingesetzten Augen, Brauenschwung, goldenem Haar und Schmuck wird als Apollon gedeutet; ein stark zerstörtes weibliches zeigt vermutlich Leto; ein zweites weibliches, gut erhaltenes Gesicht wahrscheinlich die Göttin Artemis (Werkstatt der Östlichen Ägäis; Abb. 41). Amandry nimmt an, daß Artemis sitzend dargestellt war und daß die schönen goldenen Schildbänder vom Knie bis zum Saum ihres Rockes reichten. Die auf dem Goldblech wiedergegebenen mythischen und wilden Tiere – Löwen, geflügelte Pferde,

122

41 Weibliches Haupt
(Artemis?) aus
Gold und brand-
geschwärztem
Elfenbein,
6. Jh. v. Chr.
Delphi-Museum

Sphingen mit Kopfputz, Antilopen, Gazellen, Greifen, Panther und Böcke – erinnern daran, daß Artemis die Göttin der Jagd war.

All diese dunklen Göttermasken erscheinen wie ›Schatten einer Erinnerung‹, denn sämtliche Kolossalstatuen (z.B. die Athena des Pheidias im Parthenon von Athen) mit hellen elfenbeinernen Gesichtern, Händen und Füßen, die sich von ihren Goldgewändern abhoben, sind verloren. Nur antike literarische Quellen zeugen von ihrer vormaligen Existenz.

Der eindrucksvolle, etwa 2,60 m lange und 1,45 m hohe ›Silberstier‹ (6. Jh. v. Chr.), ebenfalls in Saal V, besticht nicht zuletzt durch seine ungewöhnliche Machart: Silberplatten – 60 an der Zahl – waren durch Bronzebänder verbunden und mit silbernen Nägeln auf ein hölzernes Skelett genagelt.

123

42 Apollon mit dem Löwen (?).
    Elfenbeinstatuette, 8./7. Jh.
    v. Chr. Delphi-Museum

43 Bronzestatuette einer Frau, die ein
    Weihrauchgefäß trägt. Mitte des
    5. Jhs. v. Chr. Delphi-Museum

Neben diesen großen Statuen sind jedoch auch die nur 7 cm hohen, aus Elfenbein geschnitzten Miniaturreliefs sehenswert – Fragmente von Darstellungen mythischer Szenen, die einst als Möbeldekoration dienten. Insgesamt wurden ca. 2000 Bruchstücke gefunden. Das älteste Stück (8./7. Jh. v. Chr.) aus den delphischen ›Schatzgruben‹ ist eine kleine Elfenbeinstatuette (18,5 cm hoch), die vermutlich Apollon als Potnios Theron, Beschützer der Tiere zeigt: Des Gottes Hand ruht auf dem Kopf eines Panthers oder Löwen (Abb. 42). Das jüngste Exponat (5. Jh. v. Chr.) in diesem Saal ist die bezaubernde, 16 cm hohe Bronzestatuette einer Frau in elegantem Faltengewand, die anscheinend mühelos mit erhobenen Armen ein Weihrauchgefäß trägt (Abb. 43).

124

Die Forschungsergebnisse der beinahe hundert Jahre währenden Grabungen, Säuberungs- und Restaurierungsarbeiten in Delphi werden regelmäßig im »Bulletin de Correspondance Hellénique« (»BCH«) publiziert. Das mehrbändige Werk »Fouilles de Delphes«, 1902 begonnen, in dem die ›endgültigen‹ Resultate der Untersuchungen veröffentlicht werden, ist naturgemäß noch nicht abgeschlossen.

Die grundlegenden unter den bisherigen Ergebnissen lauten: Im Areal zwischen dem späteren Apollon-Tempel (s. S. 149 ff.) und der Kastalischen Quelle (s. S. 132 f.) lag die erste bescheidene Siedlung aus dem 15. Jh. v. Chr., die allmählich durch das sich ausdehnende Heiligtum zurückgedrängt wurde. Dort, wo heute der Chios-Altar (s. S. 149; Abb. 22) vor dem Apollon-Tempel steht, sollen die ersten Kulthandlungen stattgefunden haben – eine Annahme schon früherer Archäologen, die am Ort gestützt wird von der Existenz einer starken Schicht aus Asche und Opferresten. Zur Zeit (1990/91) führt die École Française unter Leitung von Olivier Picard wenige Meter östlich des Altars, an der Basis des Weihgeschenks der Rhodier (Plan E, Nr. 32), eine stratigraphische Untersuchung durch: Zwei vertikale Schnitte sollen es ermöglichen, die exakte Folge der Siedlungsschichten zu bestimmen und mehr über die Lebensweise der frühen Bewohner zu erfahren. Man hofft, bis zu den Grundmauern des ersten mykenischen Dorfes vordringen zu können.

Die heute sichtbaren Ruinen des Apollon-Heiligtums stammen in ihren ältesten Partien aus dem 7./6. Jh. v. Chr., in den jüngsten aus hellenistischer und römischer Zeit. Neuere Grabungen außerhalb des umfriedeten Temenos (griech.: ›Tempelbezirk‹) haben Thermen sowie Wohn- und Geschäftsstraßen aus späteren Epochen (auch der frühchristlichen) aus dem Boden gehoben. Als eine kleine Sensation kann man die von griechischen Archäologen durchgeführte Freilegung des Gymnasions (s. S. 130 ff.) in der Marmaria bewerten.

Nicht in Delphi selbst, sondern in der Korykischen Grotte (s. S. 158 ff.) wurden die ältesten menschlichen Spuren (4300 v. Chr.) der Region entdeckt. Die Funde sind im letzten Saal des Delphi-Museums ausgestellt. Im Hafen von Kirrha (beim heutigen Itea?) und in Krisa (beim heutigen Dorf Chryso?), der mächtigen Nachbarstadt Delphis (s. S. 28 f.), die 590 v. Chr. von den Amphiktyonen zerstört wurde, haben Archäologen Gräber aus der Zeit um 2800 v. Chr. freigelegt (Funde in Saal I).

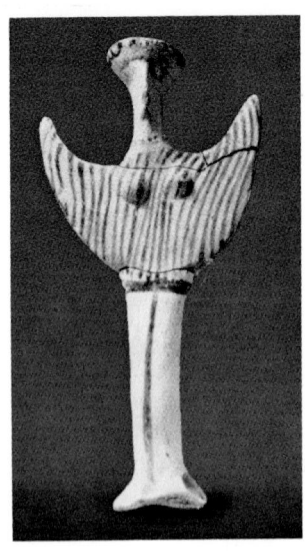

44 Mykenisches Idol. 2. Hälfte des 13. Jhs. v. Chr. Delphi-Museum

Bereits in der Mitte des zweiten vorchristlichen Jahrtausends bestand eine Kultstätte in der Marmaria: Weihgaben aus jener Zeit fand man im Bereich des Athena-Tempels. Die Zeus-Tochter Athena, als Pronaia (griech.: ›die vor dem Tempel‹), Nachbarin und Verbündete ihres Bruders Apollon in Delphi, nahm offensichtlich den Platz einer früheren Naturgöttin ein, der man die aufgefundenen Tonstatuetten weihte. Diese zeigen weibliche Figuren (Abb. 44; Saal I), entweder aufrechtstehend mit erhobenen Armen oder aber auf einem ›dreifüßigen‹ Stuhl sitzend – primitive Vorgängerinnen der Pythia auf ihrem Dreifuß?

Pausanias und die Marmaria

Wer Delphi besucht, dem mag Pausanias' Beschreibung der Stätte als stimmungsvolle Einführung dienen. Zwar widmet dieser einzigartige Geschichts- und Kultur›reporter‹ des alten Griechenland, Delphi nur einen relativ kurzen Teil seines Buches über die Landschaft Phokis, zwar schweift er häufig ab in umständliche mythologische oder histo-

126

rische Exkurse und vernachlässigt Denkmäler, die heute interessieren, dennoch bleibt es äußerst reizvoll, ihm auf seinem Weg zu folgen.

Pausanias war stets fasziniert von der Geschichte und gefesselt von Anekdoten, die ihm zugetragen wurden. Der genialen Monumentalmalerei des Polygnot, der vielgerühmten Malerei der griechischen Klassik, von der nichts erhalten blieb, galt seine Liebe und Bewunderung. Über viele Seiten hin beschreibt er Polygnots Werke in der Lesche der Knidier (Plan E, Nr. 55): Pausanias' Interesse galt der archaischen und der klassischen Kunst – für hellenistische und römische Werke hatte er dagegen wenig übrig.

Zu seiner Zeit fand Pausanias in Delphi eigentlich nur mehr die ›steinerne Schale‹ der einst hier gehorteten Kostbarkeiten vor. Schon damals waren viele der bedeutendsten Schätze geraubt oder begraben: geraubt der Goldene Dreifuß von Plataiai, begraben der Wagenlenker, Kleobis, Biton, die gold-elfenbeinernen Göttermasken.

Seinen Delphi-Besuch begann der Kultur›reporter‹ im heute Marmaria (griech.: ›Ort, wo man Marmor findet‹) genannten Bezirk:

»Kommt man in die Stadt hinein, liegen dort nacheinander Tempel; der erste von ihnen lag in Trümmern, der folgende war leer von Kultstatuen und anderen Standbildern, und der dritte und vierte von ihnen, davon besaß der dritte Standbilder von einigen früheren römischen Kaisern und heißt der vierte Tempel der Athena Pronaia.« (Pausanias X,86)

C Heiligtum der Athena Pronaia: 1 Osteingang 2 Tempelförmige Bauwerke 3 Platz mit Altären 4 Dorischer Tempel der Athena Pronaia 5 Dorisches Schatzhaus (Pausanias' zweiter Tempel) 6 Schatzhaus von Massilia (Pausanias' dritter Tempel) 7 Tholos 8 Neuerer Tempel der Athena Pronaia (Pausanias' vierter Tempel) 9 Haus der Priester (?) 10 Westeingang

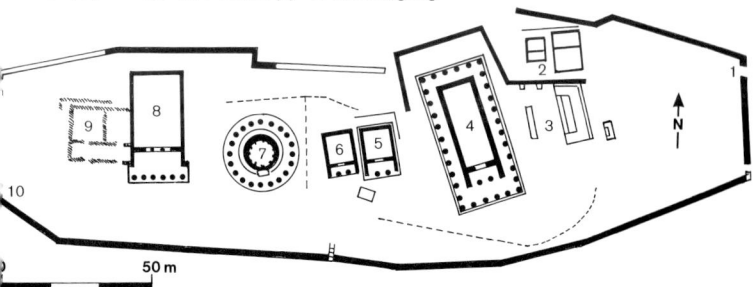

50 m

45 Altar aus dem Heiligtum der Athena Pronaia. Marmor, 2. Jh. v. Chr. Delphi-Museum

Der heutige Delphi-Besucher ist gut beraten, dem Beispiel Pausanias' zu folgen und seinen Rundgang an der Marmaria zu beginnen, unterhalb der Anfahrtsstraße, die Arachova und Delphi verbindet, noch bevor man die Kastalische Quelle erreicht. Hier begann die antike Stadt, wie die gleich östlich liegenden Grabanlagen bestätigen. Die Marmaria weist auch die chronologisch ältesten Gebäude Delphis auf (Plan C): mehrere Bruchstücke von Altären (Abb. 45), u. a. für die – als Göttin personifizierte – Gesundheit, Hygieia, und für die Geburtsgöttin Eileithyia. Ferner erblickt der Besucher die imposanten Ruinen des Athena-Tempels aus dem 6./5. Jh. v. Chr., der über noch vorhandenen Resten eines älteren Tempels (7. Jh. v. Chr.) – einigen Säulentrommeln und zwölf Kapitellen – aus Porosstein errichtet wurde. Pausanias' ›Tempel in Trümmern‹ bezieht sich auf diesen, einen der ältesten großen Peripteroi Griechenlands in dorischem Stil – mit sechs Säulen

128

46 Rekonstruktion der Tholos im Heiligtum der Athena Pronaia in der Marmaria (nach H. Pomtow)

an den Schmal- und zwölf an den Langseiten sowie einer Vorhalle. Die Felsen, die sich 1905 von den Phaidriaden lösten und die noch 15 aufrechten Säulen niederwarfen, sieht man *in situ*. Bei Pausanias' ›zweitem und dritten Tempel‹ handelt es sich um zwei Schatzhäuser: das erste, westlich des Tempels gelegen und wie dieser dorischen Stils, wurde vermutlich nach den Perserkriegen im Auftrag der Athener aus parischem Marmor erbaut. Daneben liegt ein kleineres, auffallend zierliches Schatzhaus mit ionischen Säulen und Blattkapitellen in Form sich nach unten neigender Palmblätter – gleichfalls aus parischem Marmor –, das die Einwohner von Massilia (Massalia; heute: Marseille) um 530 v. Chr. stifteten.

Einige Schritte weiter erreicht man die Tholos (Farbabb. 6) – das vielphotographierte Wahrzeichen Delphis. Aus pentelischem Marmor und dunklem Titanolith aus Eleusis ist dieser Rundbau um 380 v. Chr.

129

aufgeführt. Seine Funktion bleibt immer noch geheimnisvoll. Warum schweigt sich Pausanias über diesen faszinierenden Bau aus? Konnte er nichts darüber erfahren? Immerhin hatte der Architekt der Tholos, Theodoros von Phokaia, ihr ein ganzes Buch gewidmet. Drei der ursprünglich 20 Säulen sind wieder aufgerichtet – heute eine lichte Erscheinung in der auf- und untergehenden Sonne (Saal X ist den Architekturteilen der Tholos gewidmet; darunter befinden sich schöne reliefgeschmückte Metopen, die den Kampf der Lapithen und Kentauren sowie die Amazonenschlacht darstellen; Abb. 46).

Westlich der Tholos liegen die Ruinen des späteren Athena-Tempels. Man nimmt an, daß Pausanias mit dem ›vierten Tempel‹ denjenigen meint, welcher der Göttin Athena im Jahre 370 v. Chr. geweiht wurde, nachdem das große Erdbeben von 373 v. Chr. (oder eine Felslawine) dazu zwang, den schwer beschädigten älteren Tempel aufzugeben. Der neue Bau mit sechs dorischen Säulen an der Front wurde aus grauem Stein errichtet, herbeigeschafft aus den benachbarten Steinbrüchen. Ruinen vor dem Westtor des Temenos stammen vermutlich vom einstigen Haus der Priester.

Das Gymnasion

Wer Zeit und Lust hat, geht vom Heiligtum der Athena Pronaia zum Gymnasion.

»Im Innenraum des Gymnasions soll einst ein wilder Wald gestanden haben, und Odysseus soll, als er zu Autolykos kam und mit den Söhnen des Autolykos jagte, damals hier die Wunde über dem Knie von dem Eber erhalten haben«
(Pausanias X,8,8).

An dieser Wunde erkannte die alte Dienerin Eurykleia ihren König, als er nach dem zehnjährigen Trojanischen Krieg und seiner turbulenten ›Odyssee‹ nach Ithaka zurückkehrte.

Das Gymnasion ist auf zwei Ebenen angelegt (Plan D). Auf der höheren befanden sich der 184,83 m lange Xystos, ein überdachter Säulengang, der den Athleten bei schlechtem Wetter oder übermäßiger Hitze als Laufbahn diente, und die Paradromis, eine Laufbahn unter freiem Himmel. Aus Inschriften wissen wir, daß bei Feierlichkeiten von dieser oberen Ebene ein Fackelzug zum Apollon-Tempel aufbrach.

130

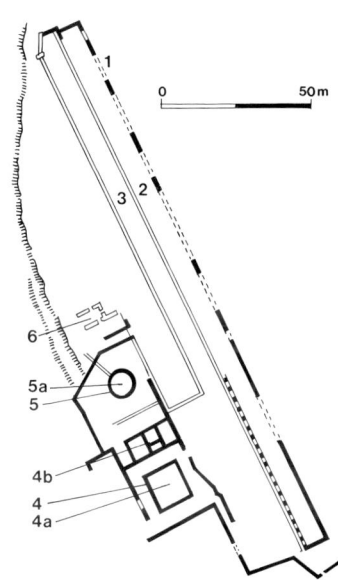

D Gymnasion:
1 Zugang
2 Xystos
3 Paradromis
4 Palaistra
4a Peristylhof
4b Nebenräume
5 Badeanlage
5a Rundbassin
6 Thermen

Auf der unterhalb gelegenen Terrasse erkennt man die Ruinen der Palaistra, eines säulenumstandenen Ring- und Faustkampfplatzes, von Räumen gesäumt, in denen die Athleten sich entkleideten, sich mit Öl einrieben, sich mit feinem Sand bestreuten oder auch an Sandsäcken übten. In hellenistischer Zeit lehrten hier Dichter, Rhetoren und Astronomen. Der Palaistra angegliedert war ein Badehaus. Wasser aus der Kastalischen Quelle speiste miteinander verbundene Steinbecken, von wo das Wasser in eine runde Zisterne geleitet wurde. Die Thermen (Warmbäder) stammen aus römischer Zeit.

Am eindrucksvollsten für den heutigen Besucher des Gymnasions sind wohl die Badeanlagen und die Reste des Xystos. Unlängst wurde die mächtige Stützmauer freigelegt, auf deren Steinen man einst in roter oder Ockerfarbe Siegesadressen geschrieben hatte, gerichtet an die Athleten der im 2. und 3. Jh. n. Chr. stattfindenden Pythien (s. S. 88 ff.). Den Namen der Sieger oder der Athleten, denen man den Sieg wünschte, war häufig das Wort *prostatis* (griech.: ›Beschützer‹) hinzugefügt – eine merkwürdige, bislang unerklärliche Bezeichnung, die der Erforscher dieser Siegesadressen, F. Querel, vielleicht künftig erhellen wird.

Die Kastalische Quelle (Kastalia)

Auf dem Weg vom Gymnasion zum Apollon-Heiligtum liegt die Kastalische Quelle (Farbabb. 4; Abb. 2, 47). Die alten Griechen rühmten ihr klares Wasser; hier reinigten sich die Pythia, Priester und Ratsuchende, und aus der Kastalia schöpfte man das Wasser zur Säuberung des Tempels. Nach einer Version des Mythos tötete Apollon an dieser Stelle den Python, Wächter des Heiligtums der Gaia (Ge, Ga), und interessanterweise fand man eben hier auch eine Basis mit der Inschrift »ΓΑ« (*ga;* griech.: ›Erde‹). Erst die römischen Dichter stellten sich die Kastalia als privilegierten Aufenthaltsort Apollons und der Musen vor, erhoben sie zur eigentlichen Dichterquelle, deren Wasser Inspiration verleihe.

47 Die Kastalische Quelle. Kolorierter Stich von Edward Dodwell. Aus: E. Dodwell. Views in Greece from Drawings. London 1830

132

Die Kastalische Quelle zwischen den Phaidriaden bleibt bis heute ein verzauberter Platz, an dem uralte Platanen ihren Schatten spenden. Sie entspringt an der rechten Felswand, wo man zunächst ein einfaches, in hellenistischer und römischer Zeit dann ein prunkvoller verziertes, innen mit Steinplatten verkleidetes Brunnenhaus gestaltete, zu dem acht Stufen hinabführen. Die in den Fels gehauenen Nischen nahmen die Weihgeschenke und Opfergaben auf. Später bauten die Christen das Brunnenhaus in eine Kapelle um.

Das Brunnenhaus der archaischen und klassischen Zeit, in einem ummauerten, gepflasterten Hof, an dessen drei Seiten Bänke standen und an dessen Nordwand vier Löwenköpfe angebracht waren, aus denen das Wasser floß, entdeckten die Archäologen erst 1957 – dicht neben der modernen Fahrstraße.

Über die Heilige Straße zum Apollon-Tempel

Der Besucher des Apollon-Heiligtums steigt zunächst hinauf zur Agora bzw. dem Forum – dem Marktplatz aus römischer Zeit, – einem weiträumigen Gelände, das 1978 restauriert wurde. In den Geschäftsnischen, die sie säumen, sind christliche Bau- und Grabplatten aufgestellt; im Altertum verkaufte man hier den Pilgern Statuetten, kleine Dreifüße, Devotionalien und Lorbeerzweige. Hier, wo sich heute Reisegruppen und Fremdenführer treffen, bereiteten sich einst Pilgerscharen und Gesandtschaften darauf vor, mit Opfertieren auf der Schulter, Opferkuchen *(pelanos)* und Lorbeerzweigen in der Hand zum Apollon-Tempel hinaufzuziehen.

Der heilige Bezirk des Apollon (Umschlagvorderseite; Farbabb. 2; Abb. 27, 61; Plan E) war mit einer von mehreren Einlässen durchbrochenen Mauer umgeben. Durch den Eingang an der Südostecke betrat man schon damals den schmalen, in Serpentinen ansteigenden Prozessionsweg (Höhe: 539 m am Eingang, 602 m an der Nordmauer), der sich geradezu als Siegesallee beschreiben läßt: Rechts und links erinnern Basen von Statuen und Fundamente von Schatzhäusern an den Triumph solcher Orakelsprüche, die sich bewahrheiteten, sowie an die Siege der Griechen gegen die persische Großmacht. Weit häufiger handelt es sich jedoch um Siegeszeichen einzelner Stadtstaaten, die sich im

133

E   Apollon-Heiligtum
I   Apollon-Tempel und
    Altar von Chios
II Theater
III Schatzhaus der
    Sikyoner
IV Schatzhaus der
    Siphnier
V   Sogenanntes Schatz-
    haus der Megarer
VI Schatzhaus, vermut-
    lich der Thebaner
VII Sogenanntes Schatz-
    haus der Boiotier
VIII Schatzhaus der
    Potidaier

IX Archaisches Schatz-
    haus (anonym)
X   Archaisches Schatz-
    haus der Etrusker (?)
XI Schatzhaus der
    Athener
XI A Schatzhaus von
    Syrakus, vermutliche
    Lage
XII Sogenanntes aioli-
    sches Schatzhaus
XIII Schatzhaus
    (anonym)
XIV Schatzhaus von
    Kyrene
XV, Archaische Schatz-
XVI häuser (anonym)

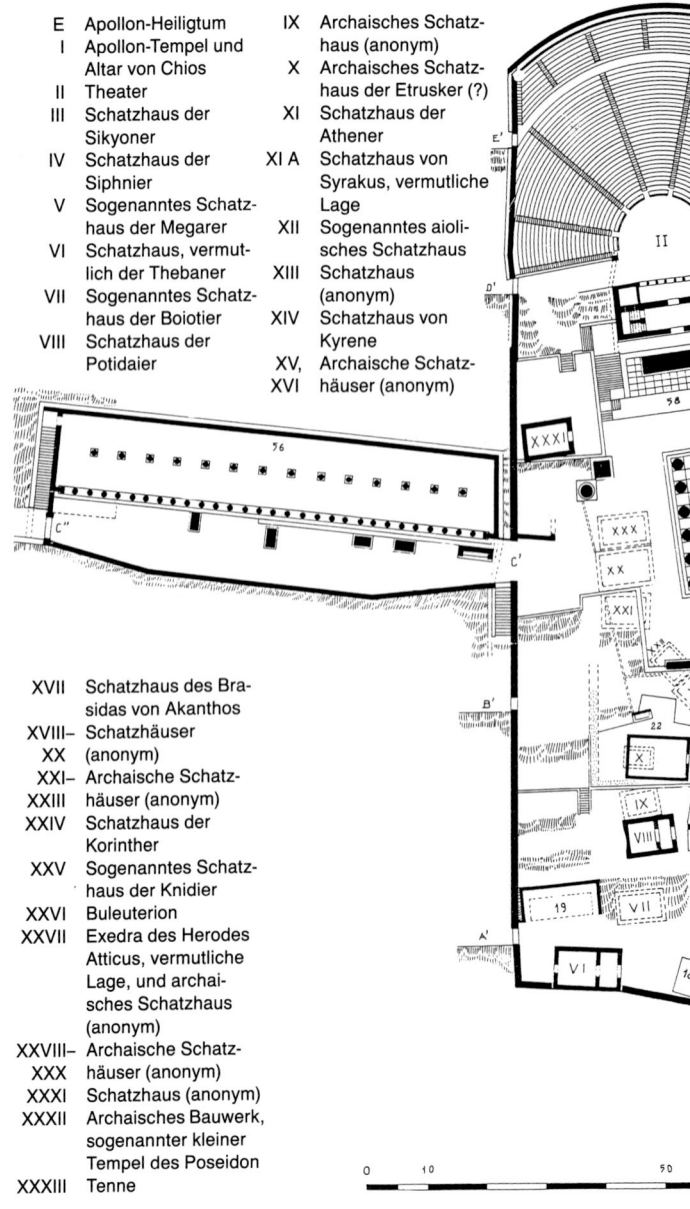

XVII   Schatzhaus des Bra-
       sidas von Akanthos
XVIII– Schatzhäuser
  XX   (anonym)
XXI–   Archaische Schatz-
XXIII häuser (anonym)
XXIV   Schatzhaus der
       Korinther
XXV   Sogenanntes Schatz-
       haus der Knidier
XXVI   Buleuterion
XXVII Exedra des Herodes
       Atticus, vermutliche
       Lage, und archai-
       sches Schatzhaus
       (anonym)
XXVIII– Archaische Schatz-
  XXX häuser (anonym)
XXXI   Schatzhaus (anonym)
XXXII Archaisches Bauwerk,
       sogenannter kleiner
       Tempel des Poseidon
XXXIII Tenne

134

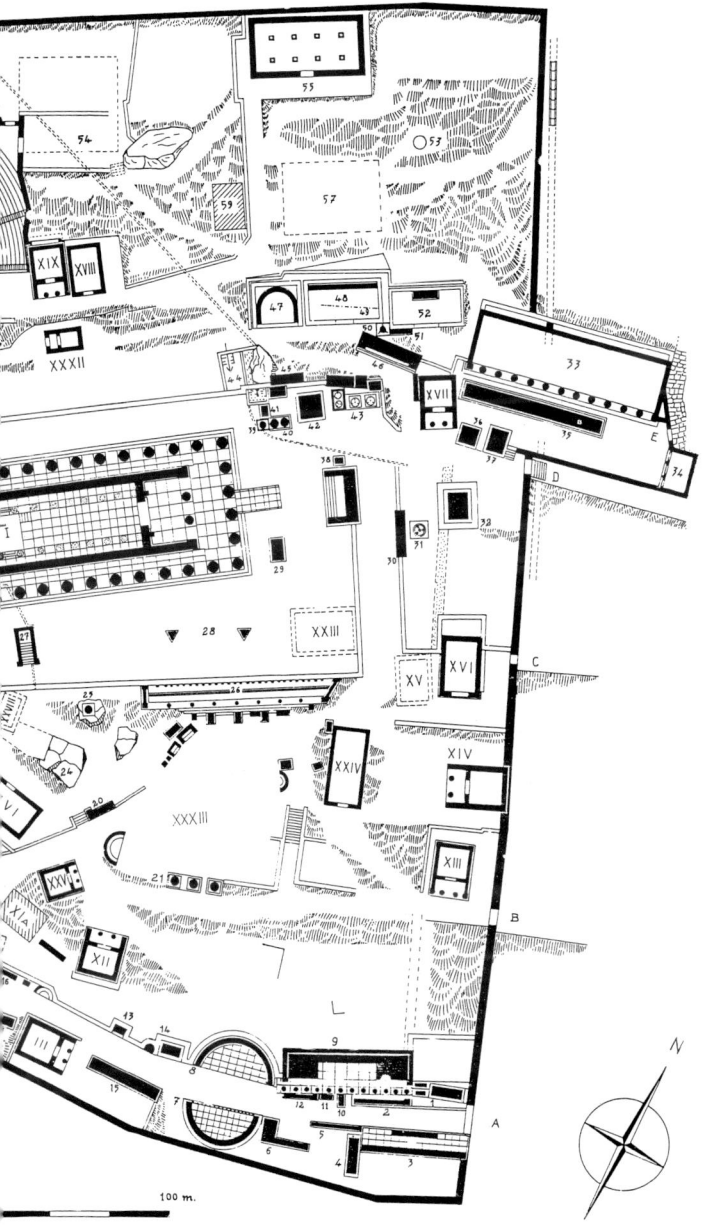

100 m.

1 Stier von Kerkyra
2 Weihgeschenk der Arkadier (Apollon, Nike und die arkadischen Heroen)
3 Weihgeschenk der Spartaner nach ihrem Sieg über die Athener, auch genannt Lysander-Denkmal der Admirale (›ton Nauarchon‹)
4 Hölzernes Pferd der Argiver
5 Basis des Weihgeschenks der Athener aus dem Zehnten der Beute von Marathon (Statuenkomplex des Miltiades)
6 Die Sieben gegen Theben (Weihgeschenk der Argiver)
7 Die Epigonen (Weihgeschenk der Argiver)
8 Die Zehn Könige von Argos
9 Hellenistischer Bau (Nische; anonym)
10–12 Basen (anonym)
13–14 Nischen (anonym)
15 ›Unteres‹ Denkmal der Tarentiner (s. Nr. 30)
16 Basis des Weihgeschenks der Aitoler
17 Basis des Weihgeschenks der Knidier, vermutliche Lage
18 Basis des Weihgeschenks der Liparaier (?)
19 Zerstörte Basis (anonym) in einer Nische
20 Basis des Weihgeschenks der Boiotier
21 Säulenmonument
22 Brunnen am Asklepios-Tempel
23 Quelle (?)
24 Felsen der Sibylle
25 Sphinx der Naxier
26 Halle der Athener
27 Heiligtum der Musen, Quelle
28 Pfeiler der Messener, vermutliche Lage
29 Pfeiler des Aemilius Paullus
30 ›Oberes‹ Denkmal der Tarentiner (s. Nr. 15)
31 Dreifuß der Krotonier (bisher als Standort des Dreifußes von Plataiai aufgefaßt)
32 Wagen der Rhodier
33 Halle Attalos' I.

34 Oikos des Attalos (Ostgebäude)
35 Monumentale Basis (anonym)
36 Pfeiler Attalos' I., errichtet von den Amphiktyonen
37 Pfeiler Eumenes' II., errichtet von den Amphiktyonen
38 Pfeiler Eumenes' II., errichtet von den Aitolern
39 Weihgeschenk der Athener für ihren Sieg über die Perser am Eurymedon: bronzene Palme
40 Denkmal der Aristaibeta
41 Pfeiler Prusias' I.
42 Apollon Sitalkas (?)
43 Kreuzweg der Dreifüße: Dreifuß der Herrscherfamilie aus Syrakus (Hieron und Gelon von Syrakus für den Sieg bei Himera im Jahre 480 v. Chr.)
44 Kassotis-Quelle
45 Basis des Weihgeschenks der aitolischen Feldherren
46 Sogenannte Basis der Kerkyraier
47 Hufeisenförmige Basis (anonym)
48 Basis des Weihgeschenks des Daochos
49 Verlauf der archaischen Polygonalmauer
50 Akanthus-Säule mit Tänzerinnen
51 Basis (anonym), anschließend an Nr. 50
52 Basis (anonym)
53 Stein des Kronos, ungefährer Standort
54 Nebenterrasse an der Theater-Ostseite, errichtet über unvollendetem Gebäude des 4. Jhs. v. Chr.
55 Lesche der Knidier
56 Westliche Halle
57 Vermutlicher Temenos (heiliger Bezirk) des Neoptolemos
58 Weihgeschenk des Krateros (Nische der Rettung Alexanders des Großen bei der Löwenjagd)
59 Weihgeschenk der Messener
A–D, A'–E' Eingänge in der Umfassungsmauer

136

5. und 4. Jh. v. Chr. gegenseitig bekämpften und zerstörten, – an ihnen ist der Verlauf der griechischen Geschichte in großen Zügen abzulesen.

Kein Name und keine Erklärung aber kann die Ruinen des Apollon-Heiligtums anschaulicher machen als die imaginative ›Selbsthilfe‹ des heutigen Delphi-Besuchers, wenn er seine Phantasie spielen läßt und sich den dichten Wald von Statuen, die Fülle der Schatzhäuser, Hallen und Weihgegenstände aus Bronze und Gold, aus Marmor und Stein vorstellt, vielfach bemalt in kräftig leuchtenden Farben.

Gleich rechts hinter dem Eingang erinnert eine ca. 3 m hohe Basis an den wundersamen Thunfischfang der Kerkyraier (Plan E, Nr. 1) – eine Geschichte, die uns Pausanias überliefert: Täglich verließ ein Stier auf Kerkyra (Korkyra/Korfu) seine Kühe, stieg hinunter zum Meer und brüllte. Eines Tages folgte ihm der Hirte und erblickte einen riesigen Thunfischschwarm. Er meldete dies den Kerkyraiern in der Stadt, jedoch gelang es ihnen nicht, die Fische zu fangen. So sandte man zum pythischen Orakel und befolgte dessen Ratschlag, den Stier Poseidon zu opfern. Direkt nach dem Opfer brachten die Bewohner Kerkyras einen großen Thunfischfang ein, und aus dem Zehnten dieses Fangs finanzierten sie den bronzenen Stier (480 v. Chr.). Es war üblich, dem Gott den Zehnten zu weihen, und dies galt für reiche Ernten oder Ein-künfte, z.B. aus den Goldbergwerken von Siphnos, ebenso wie für die Kriegsbeute nach gewonnener Schlacht (in alten Zeiten sogar ein Zehn-tel der Kriegsgefangenen) – eine Art Votivopfer.

Links vom Eingang wurden die Inschriftenblöcke des Lysander-Denkmals (Plan E, Nr. 3) gefunden. Nach jahrzehntelangen, vehement geführten Debatten sind sich die Wissenschaftler vorläufig (1990) einig, daß dies tatsächlich der ursprüngliche Standort des als Denkmal der Admirale (›ton Nauarchon‹) bekannten Monuments ist. Die Spartaner stellten es anläßlich ihres Sieges über die attische Flotte bei Aigospo-tamoi im Jahre 405 v. Chr. auf – ein Sieg, der die Entscheidung im 40 Jahre währenden Peloponnesischen Krieg herbeiführte. Das Lysan-der-Denkmal war das größte und figurenreichste Monument, das je ein hellenischer Staat zur Feier eines Triumphes dem Heiligtum von Del-phi stiftete. Dargestellt waren der siegreiche Lysander im Kreise von Göttern und seinen Admiralen, insgesamt 38 Figuren: im Grunde ein Denkmal der Hybris, das den Stolz und Hochmut des Siegers zum

Ausdruck bringt – sehr untypisch für die sprichwörtliche spartanische Schlichtheit.

Nicht nur das Denkmal selbst, sondern auch die Wahl des Ortes innerhalb des Heiligtums wurde bereits in der Antike kritisiert. Weshalb errichteten die Spartaner ihr Siegesmal über Athen ausgerechnet neben dem Statuenkomplex des Miltiades (Plan E, Nr. 5), der die Athener einst siegreich bei Marathon gegen die Perser führte? Weshalb genau vor dem Standbild des Hölzernen Pferdes (Plan E, Nr. 4), das die Argiver 414 v. Chr. nach ihrem Sieg über die Spartaner geweiht hatten? Und war es nicht später ebenfalls eine vorsätzliche Provokation, als die Arkadier 370 v. Chr. nach ihrem Einfall in spartanisches Territorium ihr ›Heldendenkmal‹ (Plan E, Nr. 2) genau gegenüber dem des Lysander errichteten? Gleich rechts nämlich, neben der Basis für den Stier von Kerkyra, steht vor den Resten einer hellenistischen Säulenhalle die Basis, auf der neun Bronzestatuen – Apollon, Nike und die mythischen, arkadischen Heroen – aufgestellt waren.

Im Umfeld dieser Weihgaben befanden sich übrigens weitere argivische Geschenke: auf der linken Straßenseite ›Die Sieben gegen Theben‹ (Plan E, Nr. 6) – Skulpturen jener sieben Feldherrn, die erfolglos gegen Theben zogen, um dem Oidipus-Sohn Eteokles die Macht zu entreißen; auf der benachbarten Halbrundmauer die ebenfalls sieben Statuen der Epigonen, der im Gegensatz zu ihren Vätern erfolgreichen Söhne eben jener Feldherren (Plan E, Nr. 7). Auf der rechten Straßenseite bildet eine zweite Exedra ihr Pendant: Hier hatten die Argiver ihre ›Zehn Könige‹ (Plan E, Nr. 8), die sich auf Herakles zurückführten, verewigt – rechts mit Danaos beginnend, links mit Herakles endend. Mit diesem Weihgeschenk unterstrich Argos sein Bündnis mit Theben (370/369 v. Chr.), denn Herakles' Mutter Alkmene stammte aus Argos, gebar ihren Sohn jedoch in Theben.

Geht man auf der Heiligen Straße einige Schritte weiter bergauf, so erreicht man das erste Schatzhaus (Plan E, Nr. III). Die Schatzhäuser – selbst Weihgeschenke – waren kleine tempelartige Gebäude, in denen kostbare Votivgaben aus Elfenbein, Gold* und anderen wertvollen Materialien aufbewahrt wurden. Einige der weit über 20 Schatzhäuser

---

* Die goldenen Statuen waren in klassischer Zeit indes meist nicht aus purem Gold, sondern wurden aus Bronze gefertigt, der man dünne Goldplättchen auflegte.

138

48 Kastor und Polydeukes. Metope vom sikyonischen Monopteros, um 560 v. Chr. Delphi-Museum

im Apollon-Heiligtum sind unbekannter Herkunft, bei anderen bleibt ihr Standort umstritten; so vermutete man das Schatzhaus von Kyrene lange auf Position XIII (Plan E), 1989 jedoch identifizierte man es mit Position XIV.

Die Fundamente des ersten dieser Schatzhäuser an der Heiligen Straße, jenes der Sikyoner (500 v. Chr.), sind bis heute recht gut zu erkennen. Es war aus Porosstein errichtet und hatte die Form eines kleinen Antentempels. In seinem Bereich sind noch Reste zweier älterer sikyonischer Gebäude sichtbar, einer Tholos und eines rechteckigen Monopteros-Baus. Aus letzterem stammen die fünf – von ursprünglich 14 – archaischen Metopen (560 v. Chr.) im Delphi-Museum (Saal IV): Sie zeigen die Dioskuren mit dem Bug des Argo-

139

Schiffes, eine Episode der Argonautensage; die Entführung Europas durch Zeus in der Gestalt eines Stieres; Ochsen, die von den Dioskuren Kastor und Polydeukes geführt werden (Abb. 48); den Kalydonischen Eber und schließlich Phrixos auf dem Rücken des Widders mit dem Goldenen Vlies.

Direkt neben den Ruinen des Sikyonischen Hauses liegt der Unterbau des Schatzhauses der Siphnier (Plan E, Nr. IV). Die Bewohner der Kykladen-Insel Siphnos zählten in archaischer Zeit zu den reichsten Bewohnern griechischer Inseln, da ihnen Gold- und Silberwerke gehörten. Der Skulpturenschmuck dieses um 530 v. Chr. aus siphnischem und parischem Marmor erbauten Schatzhauses füllt den Saal III des Delphi-Museums: Links vom Saaleingang befindet sich der Ostgiebel, auf dem der Streit um den Dreifuß zwischen Apollon und Herakles dargestellt ist (Abb. 49). Darunter verläuft der Ostfries, auf dem Szenen aus dem Trojanischen Krieg (rechts) und eine Götterversammlung

49 Streit um den Dreifuß zwischen Apollon und Herakles. Ostgiebel des Schatzhauses der Siphnier, um 510 v. Chr. Delphi-Museum

50 Versammlung der Götter, die den Ausgang des Trojanischen Krieges verfolgen. Ostfries des Schatzhauses der Siphnier, 6. Jh. v. Chr. Delphi-Museum

140

51 Karyatide. Fassade
    des Schatzhauses
    der Siphnier, um
    525 v. Chr. Delphi-
    Museum

(links; Abb. 50) gezeigt werden. Der Nordfries – an der Seitenwand –
zeigt den Kampf zwischen Göttern und Giganten (Farbabb. 12).
Schließlich sehen wir auf dem – weitgehend zerstörten – Westfries das
Urteil des Paris abgebildet und auf dem Südfries – an der Wand gegen-
über dem Eingang – den Raub der Leukippiden durch die Dioskuren.
Auffallend an diesem Fries ist die herrliche Darstellung der Pferde.

Im selben Saal steht neben der Sphinx der Naxier (s. S. 146) eine
Karyatide, eine junge Frau in einem kurzen Himation und Chiton mit
einem hohen, reliefverzierten Hut (Abb. 51). Der schöne Frauenkopf
aus parischem Marmor soll zu einer zweiten Karyatide gehören; beide
trugen sie anstelle von Säulen das Gebälk der Vorhalle des Schatzhauses
der Siphnier.

141

52 Rekonstruktion des Schatzhauses der Athener (École Française d'Archéologie, Athen)

An der ersten großen Biegung der Heiligen Straße hat man die Schatzhäuser der Thebaner (Plan E, Nr. VI), der Boiotier (Plan E, Nr. VII), der Potidaier (Plan E, Nr. VIII), der Syrakuser (Plan E, Nr. XI A) und möglicherweise der Etrusker (Plan E, Nr. X) identifiziert. Hier wurde auch eine der großen Sehenswürdigkeiten Delphis, das Schatzhaus der Athener (Farbabb. 3; Abb. 28, 52; Plan E, Nr. XI) 1903–06 *in situ* restauriert. Auf den Fundamenten eines älteren Gebäudes wurde dieses Schatzhaus aus parischem Marmor als kleines dorisches Antentempelchen zu Beginn des 5. Jhs. v. Chr. errichtet. Eine Inschrift an der Südseite – »Die Athener weihten Apollon die Kriegsbeute der Meder nach der Schlacht von Marathon« – weist darauf hin,

142

53 Die mit Noten versehenen Hymnen an Apollon. Schatzhaus der Athener, 128 v. Chr. Delphi-Museum

daß hier einst die von den Persern erbeuteten Trophäen zur Schau gestellt wurden (Abb. 52). An seinen Außenwänden sind seit dem 3. Jh. v. Chr. viele Texte eingemeißelt worden: Ehrenbeschlüsse für die Athener, Dekrete über die Pythaiden, jene seltenen offiziellen Prozessionen der Athener nach Delphi (s. S. 92f.), ferner zwei mit frühen Notenzeichen versehene Hymnen an Apollon (Originale im Museum, Saal VI; Abb. 53) sowie auffallend viele Olivenkränze. Die am Schatzhaus angebrachten Metopen sind Gipsabgüsse der 24 erhaltenen, im Museum (Saal VI) ausgestellten Originale, die die Kämpfe des Athener Heros Theseus gegen die Amazonen sowie die Taten des Herakles darstellen.

54 Polygonalmauer
und Halle
der Athener

Genügt es angesichts der kümmerlichen Reste des Schatzhauses von Syrakus zu erwähnen, daß es schräg gegenüber vom Schatzhaus der Athener erbaut wurde? Dort, wo die Athener ihres bedeutendsten Sieges gegen die Perser (Marathon, 490 v.Chr.) gedachten, wurde ihnen so ihre verheerende Niederlage auf Sizilien entgegengehalten. Vielleicht sollte man sich dabei an Alkibiades erinnern, jenen schillernden, maßlosen Athener, den Plutarch als »größten aller Demagogen« bezeichnete, von dem Leopold von Ranke aber schrieb, er sei »der unbesiegbare Kriegsführer, dessen Siege Athen nicht wollte«. Die von Alkibiades angeregte und geführte Expedition der Athener Flotte nach Sizilien (415–413 v. Chr.) war zum Scheitern verurteilt, als man den Feldherrn wegen eines schwebenden Gerichtsverfahrens nach Athen zurückrief. Die Sizilische Expedition endete im Jahre 413 v.Chr. in der größten Katastrophe der alten Athener Geschichte. Die wenigen Überlebenden gingen als Sklaven in den Bergwerken bei Syrakus zugrunde.

Nördlich des Schatzhauses der Athener stößt man auf die Überreste des Buleuterions (Plan E, Nr. XXVI), wo sich die hohen Verwaltungs-

144

beamten Delphis versammelten; einige Schritte weiter erhebt sich der Felsen der Sibylle, von dem, wie die Legende berichtet, diese legendäre Seherin ihre Orakelsprüche verkündete. Der Höhepunkt auf diesem Weg ist die großartige Polygonalmauer (Abb. 54), ein fast vollständig erhaltenes Meisterwerk archaischer Baukunst. Sie entstand im 6. Jh. v. Chr., als der heilige Bezirk umgestaltet und auf seinen heutigen Umfang erweitert wurde, um die Tempelterrasse abzustützen und zu sichern. Dabei wurden alte Heiligtümer (Gaia- und Musen-Heiligtum; der Spalt, wo dem Mythos zufolge der Python hauste; die Kassotis-Quelle) räumlich eingeengt oder zerstört. Gefügt wurde die Mauer aus kunstvoll bearbeiteten polygonalen, d. h. vielkantigen, Natursteinen, deren Kantflächen exakt aufeinanderpassen, so daß die Spalten kaum wahrnehmbar sind. Zwischen 200 und 100 v. Chr. wurden etwa 800 Inschriften in diese Mauer graviert; die meisten betreffen Freilassungen von Sklaven (s. auch S. 155).

Direkt vor der mächtigen Polygonalmauer hatte Athen eine schmale, langgestreckte Halle mit acht ionischen Säulen errichten lassen (30 m lang / 3,75 m tief). Die Halle der Athener (Abb. 55; Plan E, Nr. 26) barg die Schiffsschnäbel der persischen Flotte sowie die Taue, die die aus Schiffen gebildete Hellespont-Brücke des Xerxes zusammengehalten hatten – erbeutet von den Athenern 478 v. Chr. Eine

55 Rekonstruktion der Halle der Athener, dahinter die Polygonalmauer und der Apollon-Tempel der Alkmaioniden (nach P. Amandry)

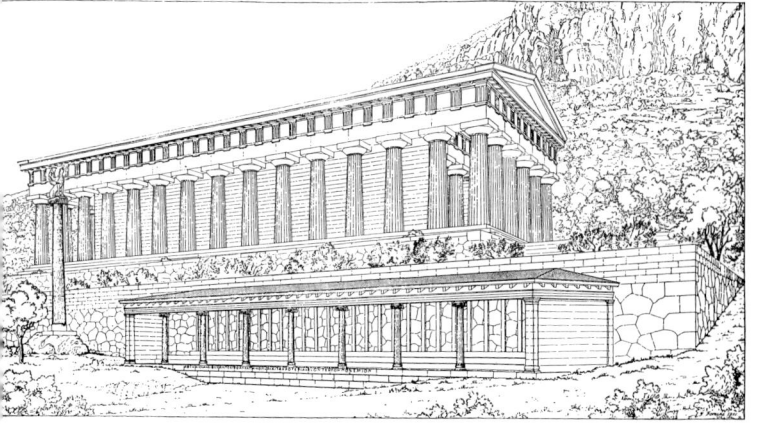

Inschrift auf dem dreistufigen Unterbau der Halle, der heute nur mehr drei Säulen trägt, berichtet von dieser Weihung.

Rechts bzw. vor der Halle lag die Tenne, der große Festplatz (s. S. 146), umgeben von Weihgaben, deren Basen noch vorhanden sind. Rechts der Tenne stand das älteste Schatzhaus Delphis, das Haus der Korinther aus dem 7. Jh. v. Chr., von dem heute aber nur noch Spuren zu sehen sind (Plan E, Nr. XXIV). In diesem einst 12 m × 6 m großen einfachen Gebäude wurden die prunkvollen Weihgaben der lydischen Könige aufbewahrt, die ja als Nicht-Griechen kein eigenes Schatzhaus errichten durften: u. a. der Thron des Lyderkönigs Midas (700 v. Chr.), Goldgeräte des Königs Gyges sowie die Wasserbecken und Statuen aus purem Gold, die König Kroisos nach Delphi geschickt hatte (s. S. 71). Zu diesen Goldstatuen gehörte auch ein Löwe, der das Dach des Apollon-Tempels schmückte, bis ein Brand im Jahre 548 v. Chr. das Heiligtum zerstörte. Herodot (I, 50,3) schreibt:

»Als der Tempel niederbrannte, fiel dieser Löwe von den Ziegeln herab, auf denen er ruhte. Jetzt steht er im Schatzhaus der Korinther und wiegt nur noch sechseinhalb Talente. Dreieinhalb Talente sind abgeschmolzen.«

Denkmäler im Umkreis des Apollon-Tempels

Je mehr man sich im Altertum dem Tempel näherte, desto dichter standen die Weihgeschenke, die für damalige griechische Maßstäbe eine außergewöhnliche Höhe erreichten (einige wenige Exemplare stehen im Delphi-Museum).

So hatte der Inselstaat Naxos um 560 v. Chr. auf eine über 10 m hohe Säule die großartige, 2,50 m hohe Sphinx gestellt (Abb. 56; Saal III). Dieses aus Ägypten ›importierte‹ Fabelwesen mit dem Körper einer Löwin und dem Kopf einer Frau tritt in der archaischen Kunst von Hellas häufig auf, galt als Hüterin des Heiligtums und der Gräber. Im griechischen Mythos spielt es nur einmal eine Rolle. Nicht weit entfernt von Delphi, am nahegelegenen Dreiweg, der Schiste, gab die geheimnisvolle Sphinx allen Vorübergehenden Rätsel auf: »Wer geht morgens auf vier, mittags auf zwei und abends auf drei Beinen?« Alle, die nicht imstande waren, ihr Rätsel zu lösen, schickte sie in den Tod – bis Oidipus mit der Antwort »Der Mensch« des Rätsels Lösung fand und sie besiegte.

146

56   Die Sphinx der Naxier. Marmor, um 560 v. Chr. Delphi-Museum

Ein Jahrhundert später errichteten die Amphiktyonen ein noch höheres Weihgeschenk und übertrafen die Naxier. Mit den Bußgeldern der Phoker, die frevelhaft die den Göttern geweihte Ebene mit Getreide bebaut hatten, finanzierten sie ein 15,50 m hohes Bronzestandbild des Apollon Sitalkas, Apollon als Beschützer des Getreides (Plan E, Nr. 42?). Die Statue ist verlorengegangen, erhalten blieb nur ihr großer, quadratischer Sockel. Auf den Sockeln neben dem des Apollon Sitalkas, am Kreuzweg der Dreifüße (s. S. 120 f.; Plan E, Nr. 43) haben die Weihgeschenke der Brüder Hieron, Gelon, Polyzalos und Thrasybulos aus Syrakus gestanden. Etwas nördlicher erhob sich die Akanthus-Säule (Farbabb. 13; Plan E, Nr. 50; Saal XI) – einige Wissenschaftler sind der Ansicht, ihre Blätter seien nicht Blätter des Akanthus, sondern des Sylphion, das Kyrene als Gewürz und als Arzneimittel exportierte. Auf den Blättern hielten drei anmutige Mädchengestalten, die Thyiaden, tanzend einen – inzwischen verschwundenen – Dreifuß.

Als wohl ehrwürdigstes Weihgeschenk galt ein anderer Dreifuß, der Goldene Dreifuß der Schlangensäule von Plataiai (Abb. 35; s. S. 113), die man lange mit Nr. 31 (Plan E; nach neueren Theorien stand hier jedoch ein Weihgeschenk der Krotonier) identifizierte. Sie wurde von den 31 Poleis gestiftet, die mit vereinten Kräften die Perser in der Schlacht bei Plataiai besiegt hatten.

Jahrhunderte hindurch, eigentlich bis zur Zeit Alexanders des Großen, war es stets die Polis, die Gemeinschaft der Bürger eines griechischen Stadtstaates, die sich im Weihgeschenk an den Gott präsentierte; auf der Weihinschrift stand stets die Athener, die Argiver, die Korinther und niemals Athen, Argos oder Korinth. Ausnahmen bildeten Auslandsgriechen wie der berühmte Sophist und Redner Georgias von Leontinoi. Er hatte im 5. Jh. v. Chr. die Hellenen zur Einigung aufgerufen und eine vergoldete Statue seiner selbst beim Apollon-Tempel aufstellen lassen. Erst ein Jahrhundert später folgte die berühmte Hetäre Phryne, Geliebte des Praxiteles, seinem Beispiel. Diese ›Denkmäler der Eitelkeit‹ sind verloren. Im Museumssaal XI unterstreicht ein Denkmal aus dem 4. Jh. v. Chr. diesen Mentalitätswandel: Das Weihgeschenk des Daochos zeigt sechs der ursprünglich neun lebensgroßen Männerstatuen, die den Thessaler Daochos selbst, seinen Sohn sowie ihre Vorfahren darstellen (Plan E, Nr. 48).

Im Statuenwald um den Apollon-Tempel ist ein weiterer Pfeiler – als Mahnmal gegen die Hybris – erwähnenswert: jener, der als Sockel für

148

die Statue des letzten makedonischen Königs Perseus dienen sollte. Statt dessen ließ Aemilius Paullus, der Perseus bei Pydna besiegte und Hellas zur römischen Provinz machte, dort sein eigenes Standbild (Plan E, Nr. 29) aufstellen. Zwar sollen neue Ergebnisse diesen Sockel einer alten Weihung von Pyrrhos zuschreiben und nicht mehr dem Perseus, doch als Beispiel der Hybris bleibt die bisherige Deutung verlockend.

Der Apollon-Tempel

Der Apollon-Tempel beherrscht wie einst die heilige Stätte am Abhang des Parnassos, allerdings heute nur mehr mit schlichten linearen Formen statt der früheren üppigen Pracht. Sechs Säulen, je nach der Tageszeit grau-, braun- oder goldfarben schimmernd, ragen von weitem sichtbar aus dem Ruinenfeld empor (Umschlagvorderseite; Farbabb. 1; Abb. 57). Vor dem Tempeleingang steht der von den Bewohnern der Insel Chios im Jahre 475 v. Chr. gestiftete Altar aus Kalkstein (Abb. 22), mit blauem Marmor und weißen Profilleisten geschmückt. Der delphische Apollon wurde aber nicht nur unter freiem Himmel auf diesem Altar verehrt – wie es eigentlich für olympische Götter üblich war –, sondern auch im Tempelinneren. Dieses Innere bot nicht nur der Kultstatue Obdach, sondern hier fanden auch Kulthandlungen und die Orakelbefragung statt. Wie in einem großen Haus gab es einen Platz

F Grundriß des Apollon-Tempels: 1 Pronaos 2 Cella 3 Feuerstelle 4 Adyton 5 Opisthodom

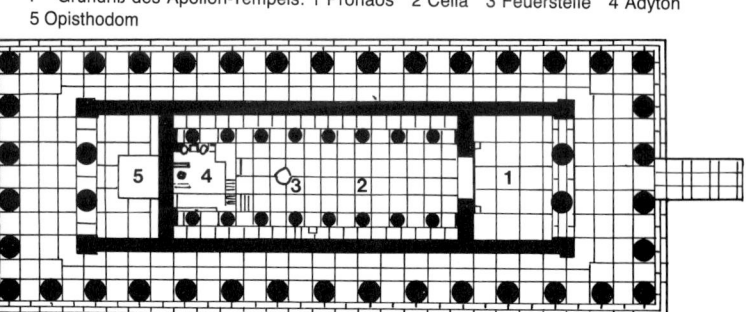

20 m

149

57 Die Ruine des Apollon-Tempels

für das Feuer, wo die ›ewige Flamme‹ mit Lorbeer- und Kiefernholz genährt wurde. Deshalb nannten ›die Alten‹ den Apollon-Tempel auch Megaron, Wohnstätte.

Durch den Pronaos, der u. a. eine Büste Homers barg und in dem man die berühmten Sprüche »Erkenne Dich selbst«, »Nichts im Übermaß« (s. S. 50) sowie den geheimnisvollen Buchstaben »E« erblickte, dem Plutarch ein ganzes Buch gewidmet hat, gelangte man in den Innenraum. Am Westende dieser geschlossenen Cella stieg man vermutlich ins Adyton hinab (s. S. 62). Die Liste der im Tempel gehüteten Schätze ist so lang, daß sie wie ein Museumskatalog wirkt. Die Wissenschaftler sind sich nicht nur nicht einig, sondern sogar zerstritten über die Frage ihrer einstigen Anordnung: der Dreifuß und der Omphalos (s. S. 20 ff.; Abb. 6, 58); die Goldstatue des Apollon und seine heiligen Gerätschaften; der Altar, den man das ›Grabmal des Dionysos‹ nannte; der heilige Lorbeerbaum, den antike Autoren einstimmig im Tempelinneren Wurzeln schlagen lassen; ferner der uralte Altar des Poseidon;

150

der Eisenthron, auf dem Pindar Platz nahm, wenn er Apollon seine »Pythischen Oden« vortrug; der Brunnen, der bis zum 4. Jh. v. Chr. von der Kassotis-Quelle (Plan E, Nr. 44) gespeist das prophetische Wasser in den Tempel leitete (heute führen an der Südterrasse mehrere Stufen hinunter zu der alten, versiegten Brunnenanlage, die durch große Kanäle mit der Kassotis-Quelle verbunden war); die riesigen Gold- und Silberkratere und Weihwasserbecken; die Statuen der zwei – nicht wie üblich drei – Schicksalsgöttinnen (Moiren), geführt von Apollon und Zeus sowie die eisernen Statuen des Herakles und der Hydra. Gemälde und feingewobene Tücher schmückten die Tempelwände, am Deckengebälk waren nicht nur zahlreiche Siegerbinden aufgehängt, die erfolgreiche Athleten Apollon geweiht hatten (s. S. 90), sondern sogar deren Rennwagen. Denkt man weiter an die Fülle kleiner Statuen, Dreifüße, Vasen – ohne daß damit die Liste erschöpft wäre –, betrachtet mancher Besucher mit mir vielleicht geradezu erleichtert die kargen Ruinen.

Die erhaltenen Überreste stammen von jenem Apollon-Tempel, der zwischen 366 und 330 v. Chr. mit finanzieller Unterstützung vieler griechischer Stadtstaaten zum letzten Mal als panhellenisches Symbol wiederaufgebaut wurde: Man brachte auch diesmal (wie im 6. Jh. v. Chr.) Kalkstein aus den benachbarten Steinbrüchen für den dreistufigen Unterbau herbei, und wieder transportierte man Porosstein für

58   Der Omphalos aus
      dem Apollon-Heiligtum.
      Marmor. Delphi-
      Museum

Säulen und Gebälk aus Korinth und Sikyon nach Delphi. Der dorische Peripteros (23,80 m × 60,30 m) erhielt 15 stucküberzogene Säulen an den Lang- und sechs an den Schmalseiten sowie je zwei Säulen zwischen den Anten des Pronaos und des Opisthodoms. Dieser ›neue‹ Tempelbau fand auf den Grundmauern des archaischen Alkmaioniden-Tempels seinen Platz.

Was wissen wir von den Tempeln, die vorher an dieser Stelle standen?

Pindar erzählt – und mit ihm viele alte Autoren bis hin zu Pausanias – von den mythischen Apollon-Tempeln: vom ältesten, der aus Lorbeerzweigen geflochten war und einer Hütte glich, vom zweiten, den Bienen aus ihrem Wachs und Vögel aus ihren Federn schufen und den Apollon den Hyperboreern schenkte, von einem dritten, den die Götter Hephaistos und Athena bauten, dessen Wände und Säulen aus Bronze bestanden und den Goldakrotere schmückten sowie schließlich von einem vierten aus Stein, welchen man den mythischen boiotischen Baumeistern Trophonios und Agamedes zuschrieb. Bereits bei Homer (»Ilias« IX, 404–405; »Odyssee« VIII,80) trat Apollon über die ›steinerne Schwelle‹ seines Tempels, der reich an Schätzen war. Dieser erste Steintempel brannte im ersten Jahr der 58. Olympiade (548/547 v. Chr.) nieder. Den zweiten Steintempel nennt man den Alkmaioniden-Tempel (Abb. 8), weil ihn die mächtige Athener Familie der Alkmaioniden – der Kleisthenes, Perikles und Alkibiades (s. S. 144) angehörten – um 513–505 v.Chr. fertigstellten. Während der Herrschaft des Peisistratos verbrachten die Alkmaioniden viele Jahre in delphischem Exil. Ihrer Initiative war zu verdanken, daß u. a. die Eingangsfront des Tempels in parischem Marmor gestaltet wurde. Erhalten sind nur die verstümmelten Giebelfiguren (Säle VII, VIII): Der marmorne Ostgiebel zeigt Apollons eindrucksvolle Epiphanie, sein Erscheinen in Delphi, auf einem von Pferden gezogenen Wagen – neben ihm Leto, Artemis und König Delphos, der den Gott empfängt. Der aus Porosstein mit Stucküberzug gefertigte Westgiebel stellte die Gigantomachie dar, den Kampf der Götter mit den Giganten, darunter eine kraftvolle, weitausschreitende Athena. Im Museum werden ferner Teile des Frieses, auf denen die Taten des Herakles eingemeißelt sind, gezeigt sowie Akrotere (z.B. eine schöne Siegesgöttin, Nike; Abb. 59). Insgesamt vermögen diese Fragmente zumindest einen Eindruck vom einstigen Skulpturenschmuck des archaischen Apollon-Tempels zu vermitteln.

152

59 Geflügelte Nike. Akroter vom Apollon-Tempel der Alkmaioniden, um 510 v. Chr. Delphi-Museum

Viele der Säulen und Mauern dieses Tempels, der 373 v. Chr. durch Erdrutsch oder Erdbeben zerstört wurde, sind beim Neubau des Tempels im 4. Jh. v. Chr. wiederverwendet worden. Heute sehen wir die Ruinen des sechsten – und nicht des fünften Apollon-Tempels, wie Pausanias noch, von örtlichen Fremdenführern irregeleitet, behauptet –, also des dritten Steintempels an derselben Stelle.

Inschriften auf Stein berichten detailliert über Spenden, Bauarbeiten und später Reparaturen, die noch bis in nachchristliche Zeit diesem sechsten Tempel galten. Die Rechnungen geben z. B. Auskunft darüber, daß im 4. Jh. v. Chr. Zypressen und Tannenholz aus der Peloponnes und Makedonien für das Tempeldach importiert wurden. So besitzen wir eine Fülle an Informationen, jedoch nur wenige Skulpturen dieses spätklassischen Baus: zwei Apollon-Statuen, eine ohne Haupt (Saal VII), und Bruchstücke des Ostgiebels in den Magazinen.

Aus Pausanias' Beschreibung erfahren wir etwas über die Giebelthemen des Gebäudes (4. Jh. v. Chr.), dessen Ruinen wir heute sehen: im Osten Apollon inmitten der Musen, im Westen Dionysos inmitten

153

seiner Thyiaden, der ihm folgenden parnassischen jungen Mädchen. Ferner ist uns bekannt, daß an den Ostmetopen die vom Alkmaioniden-Tempel übernommenen Goldschilde (aus der Perserbeute der Athener) befestigt waren und daß die Aitoler im 3. Jh. n. Chr. ihre bei den Galatern erbeuteten Schilde an die West- und Südmetopen hängten.

Nicht zuletzt weil kaum Skulpturenschmuck aus dem 4. Jh. v. Chr. erhalten ist, stimmen alle Archäologen, die seit 1892 an der Ausgrabung des Apollon-Tempels beteiligt sind, darin überein, daß dieses ›Bollwerk des Paganismus‹ absichtlich und systematisch zerstört worden ist. Wer sich für Details interessiert, kann an den Säulentrommeln, die auf dem Terrassenboden liegen, feststellen, daß sie nur noch auf einer Seite kanneliert sind, obwohl sie ursprünglich ringsherum Kanneluren aufwiesen. Pierre Amandry glaubt beweisen zu können, daß nur ein vorsätzlich gelegtes und tagelang geschürtes Feuer den widerstandsfähigen Porosstein zersetzen und seine Kanneluren zerfressen konnte, und zwar an ihrer jeweiligen Innenseite, die von der Cella her der größten Hitze ausgesetzt war.

Die absichtliche Zerstörung hat auch das Adyton (Manteion oder Chresterion) betroffen. Von dieser eigentlichen Orakelstätte haben die Archäologen keine Spur mehr in den Fundamenten des Tempels ausmachen können. Diesen Ort der Orakelbefragung mag sich der Besucher im Westen, im hinteren Bereich des Tempelinnenraums vorstellen – zwischen dem etwa 6 m tiefer liegenden freigelegten Felsen und dem Steinpflaster des Opisthodoms (s. auch S. 62 f.). Dort hatten die ersten Ausgräber eine dicke Erdschicht mit zahlreichen Scherben aus mykenischer Zeit (2. Jt. v. Chr.) entdeckt. Das *chasma ges,* den Erdspalt, nach dem sie suchten, fanden sie nicht, so daß E. Bourguet entmutigt erklären mußte: »Die letzte Pythia hat ihr Geheimnis mit ins Grab genommen.«

Das Theater

Um das Theater zu erreichen, geht man entlang der Stützmauer der nördlichen Tempelterrasse, Ischegaon (*ischo,* griech.: ›halten‹; *ga,* griech.: ›Erde‹) genannt. Als man während des 4. Jhs. den Apollon-Tempel neu errichtete, verbaute und ›begrub‹ man in dieser Mauer

154

60 Das Theater von Delphi

Steinblöcke des Vorgängerbaus der Alkmaioniden sowie beschädigte Statuen (s. S. 119). In der Nähe der steilen römischen Treppe, die zum Theater hinaufführt, erinnert nur noch eine Nische und ein Epigramm an das Weihgeschenk des Krateros, Sohn des gleichnamigen Generals Alexanders des Großen. Plutarch beschreibt die verschwundene Gruppe von Bronzestatuen, die einst dort stand: Alexander der Große im Kampf mit einem Löwen, unterstützt von Krateros und Jagdhunden (ein Werk von Lysippos und Leochares).

Das Theater (Umschlagvorderseite; Abb. 60; Plan E, Nr. II), eines der besterhaltenen Griechenlands, wurde im 4. Jh. v. Chr. (laut Roux im 3. Jh. v. Chr.) aus Gestein der Region für 5000 Zuschauer erbaut. Aus zwei Inschriften erfahren wir, daß König Eumenes II. von Pergamon im 2. Jh. v. Chr. Gelder und Handwerker für die Wiederherstellung des Theaters nach Delphi schickte. Weitere Inschriften (in der Orchestra und den seitlichen Zugängen zur Zuschauertribüne) besagen, daß neben den großen musischen Veranstaltungen der Spätantike im Theater auch Versammlungen stattfanden, bei denen die Freilassung von Sklaven erörtert und beschlossen wurde.

155

Die Front der Skene, des Bühnenhauses, schmückte man im 1. Jh. n. Chr. mit einem langen Relieffries, auf dem die Taten des Herakles dargestellt sind (Saal I).

Lohnend ist der Aufstieg über eine der Treppen, die das Halbrund der Zuschauertribüne in sieben bzw. sechs (oberhalb des Umgangs) Abschnitte teilt. Die Aussicht von einer der oberen der 35 Sitzreihen ist vielleicht die schönste, die Delphi zu bieten hat: Man blickt über die gepflasterte Orchestra, die zerstörte Skene hinweg auf den Apollon-Tempel, auf das gesamte Heiligtum und die Phaidriaden (Umschlagvorderseite).

Das Stadion

Flankiert von Felswänden liegt das Stadion (Farbabb. 2; Abb. 61), eines der besterhaltenen des griechischen Altertums, am höchsten Punkt der antiken Stadt, außerhalb des heiligen Bezirks. Der Fußweg zum Stadion steigt in Serpentinen vom Theater auf. Er führt vorüber am 1980 durch einen Felssturz schwer beschädigten Brunnenhaus, Kerna genannt, und an Felsnischen, in denen man Weihstatuetten aufzustellen pflegte. Vom Osten des Dorfes Delphi aus kann man ein Stück des Weges zum Stadion mit dem Auto zurücklegen.

Auf einem kleinen Hochplateau, umgeben von einem Kiefernhain, wurde das Stadion erstmals im späten 5. Jh. v. Chr. für 7000 Zuschauer angelegt. Bis der großzügige Herodes Atticus im 2. Jh. n. Chr. Sitzreihen aus örtlichem Gestein – und nicht aus Marmor, wie Pausanias fälschlich berichtet – finanzierte, saß das Publikum auf einem Erdwall. An der aus dem Fels geschlagenen Nordseite des Stadions befinden sich zwölf Sitzreihen, die durch 13 Treppenaufgänge erschlossen werden. Im westlichen Halbrund stehen wie an der Südseite der Anlage, wo das stark abfallende Gelände durch Stützmauern gesichert werden mußte, nur sechs Reihen zur Verfügung.

Der Unterhalt des Stadions verursachte zu allen Zeiten Kosten und Mühen, u. a. für das Abstützen der Wälle und für den Transport der enormen Sandmassen, die für die Instandhaltung der Laufbahn benötigt wurden.

61   Gesamtansicht der heiligen Stätte ▷

Der im Südosten gelegene Eingang wurde in römischer Zeit mit einem Bogen geschmückt, von dem vier Pfeiler erhalten sind. Hier begann der Einzug der Athleten und Musiker, die an der Tribüne der Schiedsrichter (eine lange Bank mit Lehne in der Mitte der Nordseite) vorbeimarschierten. Gepflastert waren der Start und das Ziel der 177,55 m langen Bahn; erhalten sind die Startschwellen mit Startrillen für die Zehen der Läufer und die 17 Löcher, in denen man die Speere befestigte, die die Wettkämpfer voneinander trennten. Interessant ist die Inschrift an der südlichen Stützmauer (15 m vom Eingang entfernt an der Innenseite), derzufolge es verboten war, den neuen Wein, der für Libationen zu Ehren der Götter verwendet wurde, aus dem Stadion zu entfernen. Wer das Verbot mißachtete, wurde mit einer Geldstrafe von fünf Drachmen belegt. Vielleicht stammt dieses steinerne Dokument aus dem ursprünglichen Stadion, das ebenso wie das Hippodrom von Delphi in der Ebene lag. Noch lange nach dem Jahre 582 v. Chr., dem offiziellen Beginn der Pythischen Spiele (s. S. 88 ff.), kämpften die Athleten, die im Gymnasion (s. S. 130 ff.) trainiert hatten, in der Ebene von Itea. Wo immer die musischen Wettkämpfe, das Wagenrennen, der Doppellauf, der Fünfkampf, der Ringkampf auch stattfanden, stets wurde der Sieger mit einem einfachen Lorbeerkranz geehrt (s. S. 88 f.).

Die Korykische Grotte (Korykeion Antron)

Die Alten zogen zu Fuß (vom Stadion aus benötigt man etwa drei Stunden), auf Esel- oder Maultierrücken in diese ca. 800 m über Delphi gelegene Bergwelt. Dem steilen Pfad am Abhang der Phaidriaden folgten unter vielen anderen Plutarch und Pausanias, der im 2. Jh. n. Chr. seinen Spaziergang folgendermaßen beschrieb:

»Steigt man von Delphi auf den Gipfel des Parnassos, so befindet sich gegen sechzig Stadien über Delphi eine Bronzestatue, und der Anstieg zu der Korykischen Grotte ist für einen rüstigen Mann leichter als für Maultiere und Pferde. Diese Grotte soll ihren Namen von der Nymphe Korykia erhalten haben, habe ich etwas vorher gesagt; sie schien mir von den Höhlen, die ich gesehen habe, die sehenswerteste zu sein. (...) Die Korykische Grotte übertrifft die genannten an Größe, und man kann sehr weit auch ohne Lampen in ihr gehen. Die Decke steht genügend vom Boden ab, und Wasser, teils aus Quellen, mehr aber noch von der Decke tropft herab, so daß auch am Boden die Spuren von Tropfsteinbildungen in der ganzen Höhle sichtbar sind. Die Leute am Parnassos glauben, daß sie den korykischen Nymphen und besonders dem Pan heilig sei. Von der Korykischen Grotte aus ist es auch für einen rüstigen Mann schwierig, zu den Gipfeln des Parnassos zu gelangen; einmal liegen die Gipfel über den Wolken, und zum anderen schwärmen auf ihnen die Thyiaden für Dionysos und Apollon.« (Pausanias X,32,2; 32,7)

Für die Neuzeit entdeckte der Engländer Leake im Jahre 1802 die Korykische Grotte wieder. Die Reisenden des 17. und 18. Jhs. hatten noch vergeblich nach ihr gesucht, vermutlich, weil die Einheimischen sie aus lauter Angst vor einem Ort, an dem Geister und Dämonen hausen sollten, in die Irre führten.

Neuerdings kann man die Korykische Grotte mit dem Auto erreichen (von Arachova über Eptalopho), aber sehr viel lohnender ist die Bergwanderung, der Fußweg, der durch bewaldete Hochtäler führt und allmählich wie aus der Vogelschau den Blick freigibt auf das blaue

62   Der Altar vor der Korykischen Grotte

63 Tonplättchen mit der Darstellung von Satyrn und Nymphen, gefunden in der Korykischen Grotte

Meer, das die silbergrün schimmernden Olivenhaine der Ebene von Amphissa und Itea begrenzt (s. S. 7; Abb. 1).

Die Korykische Grotte war, wie die Ausgrabungen bewiesen haben, eine uralte Kultstätte. Darüber hinaus diente sie zu allen Zeiten Mensch und Tier als Zufluchtsort; Hirten und Ziegen ebenso wie Verfolgte suchten hier Schutz.

Als die École Française d'Archéologie 1970 ihre Forschungen in Angriff nahm, mußten die Archäologen zunächst eine bis zu 1 m hohe Schicht aus Ziegenexkrementen beseitigen, um den Altar vor der Höhle (Abb. 62) freizulegen und um im Höhleninneren Zeugnisse menschlichen Lebens zu finden.

Pierre Amandry leitete 1970/71 die französischen Ausgrabungen in der Grotte. Er konnte weit über 50000 Fundstücke bergen und kam zu folgenden Ergebnissen: Die Höhle wurde in drei verschiedenen Epochen genutzt und jeweils zwischenzeitlich aufgegeben. Aus der Zeit der ersten Benutzung gegen Ende des Neolithikums (zwischen 4300 und 3000 v. Chr.) stammen 3000 Vasenscherben, einige Tonstatuetten sowie Objekte aus Knochen, Muscheln, behauenem oder poliertem Stein und Obsidian. Danach wurde die Grotte für einundeinhalb Jahrtausende verlassen und erst im 14. Jh. v. Chr., in mykenischer Zeit also, erneut ein Jahrhundert lang besucht. Aus dieser Phase

160

gibt es nur relativ spärliche Funde (200 Fragmente von Tonvasen sowie eine einzige Statuette). Die Art der gefundenen Objekte spricht in beiden Fällen gegen eine permanente Bewohnung und läßt P. Amandry eine Kultstätte vermuten.

Seiner Ansicht nach ist für die Zeit nach dem 8. Jh. v. Chr. ein Kult um Naturgottheiten erwiesen: Weihinschriften auf dem Felsen selbst, auf den Henkeln von Tonvasen oder auf Basen von Weihgaben bestätigen jene antiken Schriften, aus denen hervorgeht, daß hier drei Nymphen, Quell- und Waldgöttinnen des Parnassos, verehrt wurden. Zu ihnen gesellte sich erst später der ziegenfüßige und flötespielende Gott Pan, der mit seinen Satyrn und Silenen zum Gefolge des Dionysos zählte und den Menschen ›panischen‹ Schrecken einjagte. Sie alle sind auf der hier gefundenen Keramik dargestellt (Abb. 63; Saal XIII).

Aufstieg und Niedergang des Nymphenheiligtums lassen sich an der Zahl der Weihgaben ablesen. Am Ende des 8. Jhs. und im Laufe des 7. Jhs. wurden einige Votivgaben in Bronze dargebracht: ein Pferd, zwei Vögel, zwei Ringe, jedoch keine einzige Tonvase; im 6. Jh. mehren sich die Keramikvasen und die Tonstatuetten; aus dem 5.–3. Jh. v. Chr. stammen 15000 Vasenfragmente, Zehntausende von Bruchstücken überwiegend weiblicher Tonstatuetten, eine riesige Zahl von

64 Bronzestatuette eines spielen-
den Kindes aus der Korykischen
Grotte

Astragalen (Fußknöchelchen von Ziegen und Schafen) sowie kleine
Weihgaben aus Bronze, Alabaster und Glas, die in allen Teilen Griechenlands und in den griechischen Städten Kleinasiens oder Süditaliens
hergestellt wurden. Die meisten Weihungen stammen also aus der Zeit,
in der das Apollon-Heiligtum von Delphi am häufigsten besucht
wurde. Pilger, die Apollon die prachtvollsten Gold-, Elfenbein- und
Marmorgeschenke darbrachten, stiegen mit bescheideneren Gaben
empor zum Nymphenheiligtum im Korykeion Antron. Es waren insbesondere Statuetten oder Reliefs mit Darstellungen junger, blumen-
geschmückter Frauen oder spielender Kinder (Abb. 64), wie sie auch in
anderen Heiligtümern von Natur- und Heilgöttern gefunden wurden.
Ferner opferte man den Nymphen kleine Vasen für Parfum oder Öl,
auch Ohrringe, Kämme und Spangen, vor allem aber Ringe, meist aus
Eisen, doch auch aus Bronze gearbeitet. Auf ihrer 2,7 cm–2,3 cm
großen ovalen Oberfläche sind Göttergestalten und Szenen aus der
Mythologie graviert. Kein Ring gleicht dem anderen (Abb. 65).
  Überraschend mutet die Zahl der Astragalen (Saal XIII) an: 25 000
wurden im Inneren der Höhle gefunden, mehr als in allen anderen Heiligtümern zusammen. Die meisten stammen von Ziegen und Schafen,
mehrere Tausend sind bearbeitet, durchstochen, mit eingeritzten
Namen versehen. Im Altertum waren sie ein beliebtes Kinderspielzeug
– eine Art Würfel –, man legte sie daher verstorbenen Kindern mit in
ihr Grab. Da die Nymphen auch als Beschützerinnen der Ehe verehrt
wurden, meint Amandry, sei es denkbar, daß junge Leute ihnen vor der

Hochzeit ihr Kinderspielzeug weihten. Die Astragale dienten jedoch auch mantischen Zwecken, und daher könnte man sie – so Amandry weiter – den Nymphen des Parnaß geweiht haben, weil jenen prophetische Eigenschaften zugeschrieben wurden. In diesem Falle wären die Knöchelchen Instrumente eines volkstümlichen Orakels innerhalb der Korykischen Grotte gewesen.

Im 2. Jh. v. Chr. scheinen die Weihgaben, die übrigens stets zuerst auf den Altar vor der Höhle gelegt wurden, seltener zu werden, für das 1. Jh. v. Chr. sind keine belegt.

Im 1. und 2. Jh. n. Chr., als Plutarch und Pausanias zur Korykischen Grotte wanderten, war das Nymphenheiligtum in Vergessenheit geraten, und nur noch die Hirten im Parnassos erzählten, daß hier einst ein heiliger Ort gewesen sei.

65 Den Nymphen geweihte Ringe aus der Korykischen Grotte

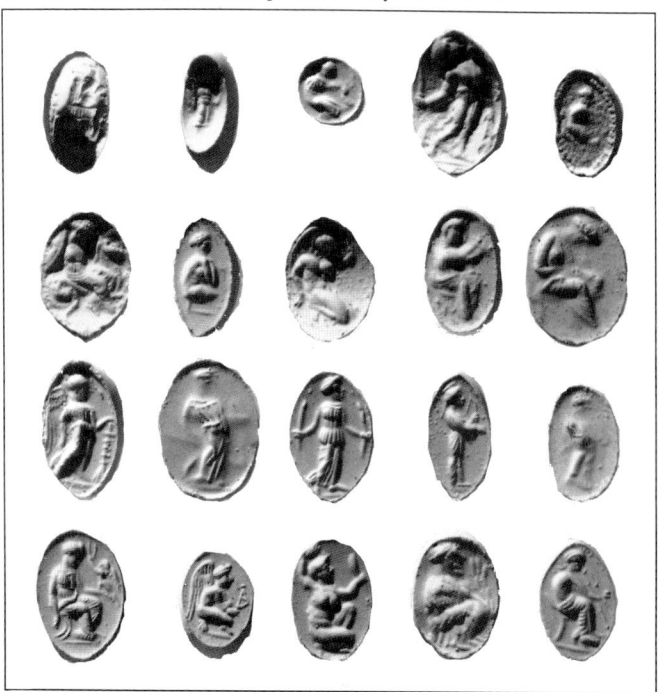

163

Wanderungen in der Umgebung Delphis

Die Schönheit der delphischen Landschaft erschließt sich eigentlich erst, wenn man hinabwandert in das Pleistos-Tal oder hinauf zum Parnaß, meint Professor Klaus Betzen, der seit 20 Jahren diese Landschaft durchstreift und dessen Rat- und Vorschlägen sich Wanderlustige anvertrauen sollten.

Ins Pleistos-Tal

Am besten wählt man die schmale Fahrstraße, die nur wenige hundert Meter jenseits der Kastalischen Quelle rechts von der Straße Delphi–Arachova abbiegt und in vielen Serpentinen bis zum Talgrund hinabführt. Wir finden hier einen einzigen großen Olivenwald, gestaffelt über zahllose verwinkelte Terrassen. Gewaltige Felsbrocken, im Laufe der Jahrhunderte von den Phaidriaden herabgestürzt, sind in die Terrassenmauern eingearbeitet. Im Frühjahr und Herbst ist die Luft erfüllt vom Rauschen der unzähligen Bäche und Wasserläufe, die so angelegt sind, daß jede einzelne Terrasse bewässert wird. Die Wanderung hinunter zur Talsohle dauert ca. zwei Stunden. Nach wenigen Serpentinen überquert man die moderne Mornos-Wasserleitung, durch welche Athen mit Wasser versorgt wird. Bald danach erreicht man eine Kapelle, von der man – einen schmalen Weg nach rechts wählend – einen kurzen Abstecher zum kleinen, verlassenen Kloster Panaghia machen kann. Der Hauptweg führt an einer ebenfalls verlassenen Wassermühle vorbei, wendet sich nach ca. 2 km nach rechts und erreicht ziemlich genau unterhalb des Apollon-Heiligtums die Talsohle.

Man kann auch einen schmaleren und malerischen Nebenweg wählen, der bereits ca. 1 km hinter der Mühle vom Hauptweg rechts

66   Delphische Felslandschaft. Kupferstich ▷

abzweigt. Er endet zwar bald in den Oliventerrassen, mit etwas Pfad-findersinn aber wird man einen der schmalen Bauernwege finden, die weiter hinab ins Tal führen. Hier unten, nahe dem Talgrund, erblickt man den gewaltigen Erdriß, der sich von den Phaidriaden herunter-zieht, und jetzt erst erkennt man, wie ausgesetzt das Dorf Delphi hoch oben auf einem weit über 100 m senkrecht ins Pleistos-Tal abfallenden Felsplateau liegt. Nach einer Version des Mythos erschlug Apollon hier unten den Python.

Man kann auf dem Hauptweg oder auf einem der zahlreichen Quer- und Seitenpfade, die von den Olivenbauern begangen werden, zum Dorf zurückwandern. Eine dritte Möglichkeit besteht darin, dem Pleistos-Bach folgend flußabwärts weiterzugehen. Das Tal verengt sich dann zu einer Art Canyon und öffnet sich schließlich in die weite Oli-venebene von Itea und Amphissa. Am besten schlägt man hier den Weg ein, der rechts hinauf zum Dorf Kitta führt, von wo man entweder mit dem Omnibus oder zu Fuß nach Delphi zurückkehrt. Für diesen ›dritten‹ Weg muß man etwa drei Stunden Gehzeit veranschlagen.

Zur Korykischen Grotte

Wer den Spuren der Apollon-Priester und frühen Reisenden folgen will, wählt den alten Pfad zur Korykischen Grotte – und begibt sich damit freilich auf eine stattliche Tageswanderung.

Der Einstieg in die Phaidriaden liegt westlich des Stadions (man erkundigt sich am besten bei den Dorfbewohnern). Wenn man die steile Wand bezwungen hat, gelangt man in eine waldige Bergwelt. Leicht findet man den einzigen schottrigen Fahrweg, den es hier oben gibt. Er verläuft durch eine luftige Siedlung von Wellblechhütten, welche die Hirten als Sommerunterkünfte benutzen. Nach einer Wan-derung von etwa einer Stunde auf diesem Fahrweg gelangt man zur Kapelle Aghia Triada, wo sich der Wald öffnet zu der gewaltigen Hoch-ebene, die sich zu Füßen des eigentlichen Parnaß-Massivs erstreckt. Im Frühling verwandelt sich diese Hochebene durch die Schmelzwasser des Parnaß in einen See. Hier befindet sich auch das Ursprungsgebiet der Kastalischen Quelle und der vielen Bäche des Pleistos-Tales. Man folgt dem Fahrweg, der am Rande dieser Ebene entlangführt, ca. 3 km bis zu jener Stelle, wo er einen Bach überquert. Dort wählt man dann den Weg, der diesseits des Baches bleibt und der nur ca. 2 km weiter, scharf links einbiegend, langsam ansteigt bis zur Korykischen Grotte.

Neuerdings kann man die Grotte auch mit dem Auto erreichen oder besser noch die Autofahrt mit einer kleinen Wanderung verbinden. Man fährt von Delphi nach Arachova, biegt am Ortseingang in die schmale, asphaltierte Bergstraße ein, die zum Skigebiet des Parnassos führt. Auf der Paßhöhe genießt man einen herrlichen Blick auf das Pleistos-Tal und die Itea-Bucht. Rechts öffnet sich die Hochebene zu Füßen des Parnaß-Gipfels. Man durchquert die Ebene. Bei der Taverna ›To Steki‹ (ca. 14 km entfernt von Arachova) biegt links eine Schotterstraße ab. Dort läßt man am besten das Auto stehen. Man wandert auf dieser Schotterstraße einige hundert Meter weiter, bis sie einen Bergbach überquert, und schlägt dann den Weg bachaufwärts ein, der nach ca. 2 km in einer scharfen Linkskurve gemächlich bis zur Korykischen Grotte hinaufführt. Der Fußweg nimmt etwa ein bis eineinhalb Stunden in Anspruch.

Die Eptalophoi und das antike Bergheiligtum Ta Marmara

Als Ausgangspunkt für eine Wanderung in das Gebiet der Eptalophoi (›Sieben Hügel‹), der bewaldeten Berghöhen, die 800 m oberhalb des delphischen Heiligtums liegen, nimmt man am besten die Kapelle Aghia Triada. Bis zur Taverne ›To Steki‹ fährt man denselben Weg wie zur Korykischen Grotte (s. S. 166 f.). Nach Überquerung des Bergbaches wählt man jedoch den linken Weg, auf dem man bald zur Aghia Triada gelangt. Dort parkt man das Auto und wandert – weglos – nach links (Richtung Süden) in den lockeren Hochwald hinein. Mit etwas Spürsinn entdeckt man bald, daß er mit einer Vielzahl von Hirtenpfaden durchzogen ist. Ihnen braucht man im Prinzip nur zu folgen. Rechts läßt man das Tal liegen, das den Oberlauf der Kastalischen Quelle birgt, steigt langsam zu einer Berghöhe hinauf, auf welcher man zahlreiche Hirtenhütten findet, und wandert von Höhe zu Höhe nach Süden weiter. Der letzte dieser Hügel liegt direkt oberhalb des Pleistos-Tales und ist der östlichste Gipfel der Phaidriaden. Aufmerksame Beobachter werden hier Reste antiker Wallanlagen entdecken. Der

Ausblick ist überwältigend: Tief unten liegen die Olivenwälder von Itea, dahinter der Korinthische Golf und in der Ferne die Bergzüge der Peloponnes, Chelmos und Kyllini.

Erst vor zehn Jahren haben Archäologen im Gebiet der Eptalophoi ein antikes Bergheiligtum entdeckt. Den Hirten war der Platz seit jeher unter dem Namen ›Ta Marmara‹ (›Die Marmornen‹) bekannt. Auf dem Gipfel einer der bewaldeten Höhen fand man verstreut antike Steinblöcke, die sich unschwer als Statuenfundamente und als ein Altar erkennen ließen. Eine genauere Bestimmung und Zuordnung des Heiligtums war bisher nicht möglich, zumal kein antiker Schriftsteller es je erwähnt hat.

Ausgangspunkt für den Besuch der heiligen Höhe ist wiederum die Aghia Triada. Auf der einzigen Schotterstraße fährt man in die Berge hinein, wählt an der ersten Abzweigung den Weg nach rechts. Nach etwa 4 km kurvenreicher Bergstrecke zweigt dann, nicht leicht erkennbar, ein schmaler Fahrweg nach links ab (Doppelzeichen: schwarz-gelb auf die Felsen gemalt). Es handelt sich um den wieder verfallenden Schotterweg, den die Archäologen vor einigen Jahren anlegen ließen. Hier sollte man das Auto stehenlassen. Die letzten 2 km geht man zu Fuß auf diesem Fahrweg hinauf zur Berghöhe, wo die Statuenfundamente liegen.

Ungleich eindrucksvoller aber ist es, das Bergheiligtum zu ›erwandern‹ – eine Tour, die freilich nur erfahrene Wanderer unternehmen sollten, da es auf diesen Höhen an Wegen und Pfaden fehlt. Als Ausgangspunkt nimmt man die schon erwähnte Sommersiedlung der Hirten auf halber Strecke zwischen Delphi und der Korykischen Grotte (s. S. 166); von dort geht es weglos auf den Berg, der sich westlich erhebt. Die Steigung ist zwar unerheblich, dennoch ist festes Schuhwerk zu empfehlen. Oben angekommen, befindet man sich in einer nahezu unberührten Hirtenlandschaft. Mit herrlichen Ausblicken – weit unten der Korinthische Golf, im Westen das Giona-Massiv und im Süden die meist schneebedeckten Gipfel der Nordpeloponnes – wandert man durch einen lockeren Bergwald von Höhe zu Höhe. Auf einer dieser Berghöhen wird man nach ca. einstündiger Wanderung – und in tiefer Einsamkeit – unvermittelt vor den Resten der antiken Statuen stehen.

168

Anhang

7 Delphi als Insel. Kupferstich des 17. Jhs. Benaki-Museum

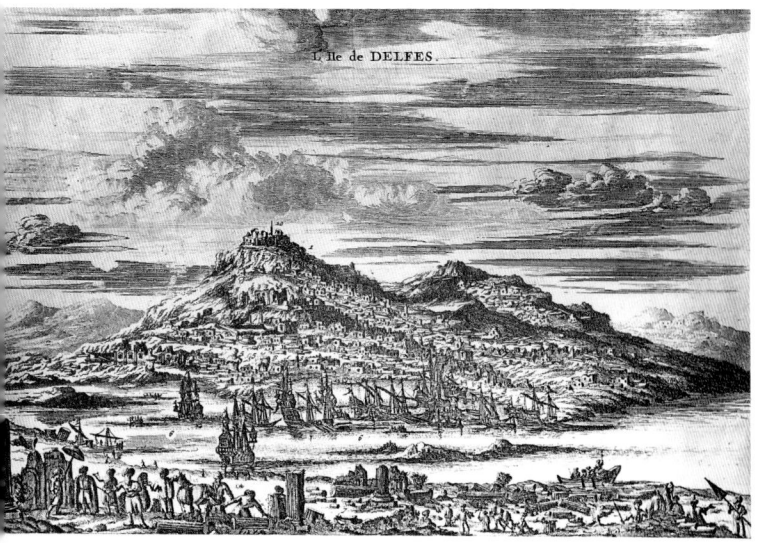

Delphi in Dokumenten

Carl Otfried Müller (1797–1840) – Letzter Brief an seine Frau

Lebadeia, 26. Juli

Meine geliebte Frau, ich habe lange versäumt, das briefliche Tagebuch fortzusetzen, weil ich in dem Gedränge von Ereignissen, glücklichen aber auch widerwärtigen, keinen ruhigen Standpunkt finden konnte, um über meine Lage zu berichten. Von der Ausgrabung der Mauer mit den vielen Inschriften [in Delphi] habe ich schon geschrieben; zunächst stellte ich nun Leute auf einem kleinen Platze zwischen Häusern an, wo man auf den Boden des Tempels, von dem [man] bis jetzt nur eine Stufe kannte, kommen mußte. Unser Wirt Anagnostes war sehr eifrig beim Werke; er hatte eine Tradition von einer Höhle, die dort sein müsse, und siehe da, wie wir beim Mittagessen sitzen, stürzt er herein, die Höhle sei gefunden. Ich dachte, es könnte wohl ein Keller aus neuern Zeiten sein; aber wie groß war meine Freude, als ich freilich durch eine schmale Öffnung in drei sehr kunstreich und großartig konstruierte Kammern gelangte, die zu den Schatzkammern unter dem Fußboden des Tempels gehören, welche die Alten öfter erwähnen. Damit war mir in der Tat Mühe und Kosten meines Unternehmens reichlich vergolten, zumal da die dritte Kammer, welche aufwärts führte, wenn sie von oben bloßgelegt wurde, bedeutende Aufschlüsse liefern mußte. Aber schon an diesem Tage waren die Arbeiten sehr gestört worden durch das Geschrei der Weiber (und die Delphierinnen haben gute Lungen) aus den benachbarten Häusern, die für ihre Wohnungen alle möglichen Gefahren von dieser Umwühlung des Bodens befürchteten und sich nicht dadurch beruhigen ließen, daß ich erklärte, alles wieder ebnen lassen zu wollen. Der Hauptgrund war eigentlich, daß das Volk von Kastri die Meinung hat, daß hier große Schätze verborgen seien, die es gern selbst und ganz im Geheimen haben möchte. Den folgenden Morgen war alles verändert; der Demarch selbst, der es uns übelnahm, daß wir nicht bei ihm eingekehrt waren, war in eine Intrige hineingezogen worden und versagte die Erlaubnis zur ferneren Nachgrabung, was meine schönsten Hoffnungen zerstörte. Ich konnte hernach nur noch gewisse Mauern aufdecken, die unterhalb des Tempels liegen und für die Beschaffenheit des Heiligtums im Ganzen von Interesse sind. Indessen arbeiteten wir eifrig an

68 Carl Otfried Müller. Gemälde
von Carl Oesterley. Privatbesitz.
Aus: O. und E. Kern. Carl Otfried
Müller – Ein Lebensbild in Briefen an seine Eltern mit dem
Tagebuch seiner italienisch-griechischen Reise. Berlin 1908

der Entzifferung und Abschrift der Inschriften, deren 68, meist ziemlich lange, auf jener Mauer waren, eine angreifende Arbeit, da die Mauer gegen Süden lag und den ganzen Tag die Sonne hatte. Ich vertraute auf meine Fähigkeit, die Sonne zu ertragen, und übernahm es, die Inschriften eines Steins, der umgekehrt lag, mit hängendem Kopf, indem die Sonne mir ins Gesicht schien, zu kopie-ren, aber mußte es teuer büßen. Ich bekam eine solche Hitze im Kopf, Kopfweh, Irritation der Nerven, daß ich hernach wenig mehr in Delphi tun konnte, weil jede ähnliche Anstrengung das Übel erneuerte, das ich bei der fortwährenden Hitze auch jetzt noch nicht ganz los geworden bin. Wenn man etwa denkt, in einem Chan Kühlung vor der Tageshitze zu finden, so kann ich anführen, daß in dem dunkelsten Winkel so eines Gebäudes schon gegen Abend die Tempera-tur nach meinem Thermometer 28 Grad war. Die Hitze ist wirklich exzessiv; auch meine Reisegefährten und Agogiaten leiden bedeutend; doch bin ich am meisten unfähig, irgend etwas Anstrengendes zu unternehmen. Ich will auch für heute diesen Brief abbrechen, obgleich ich noch einiges von Delphi und dann von unsrer Reise hierher zu schreiben habe.

[Carl Otfried Müller starb am sechsten Tage nach diesem Brief, am 1. August 1840, in Athen.]

171

Ernst Curtius (1814–1896) – Briefe an die Eltern

An die Eltern   Athen, 10. Dezember 1838

Den 17. November trat ich eine längst beabsichtigte Reise nach dem Parnasse an. Es war die schönste Witterung, wie sie in den Wochen nach dem [Tage des] heiligen Demetrios zu dauern pflegt, welche der Grieche den Kleinsommer nennt. (...)

Die Zeit meiner Abreise war bestimmt durch die Rückkehr eines jungen Architekten Laurent aus Dresden, welcher seit einigen Monaten in Kastri beschäftigt war, um den dortigen Landbesitz auszumessen. Es ist nämlich der Plan, das Dorf zu kaufen und das alte Delphi aufzugraben. Dessen Rückkehr dahin bestimmte meine Abreise. Uns schloß sich ein Schweizer Landschaftsmaler an, der von der Donau her über den Balkan gekommen ist, aus gänzlich unbekannten Gegenden Makedoniens und Thessaliens hübsche Schilderungen und Bilder mitgebracht hat und mir als ein tüchtiger Mensch sehr lieb geworden ist. So war unsere Gesellschaft gut zusammengesetzt, und am Sonnabendabend verließen wir mit unseren Reit- und Packpferden Athen, wo einst aus dem Dipylon die Alten auf dem heiligen Wege nach Eleusis wallfahrteten. (...)

Am Abend [Sonntag] war im Chan das lustigste Leben. Die Arbeiter an der Gendarmeriekaserne, welche dort gebaut wird, meistens Insulaner, drängten sich zusammen, tranken und sangen. Als wir uns unter sie mischten, ihnen ihre Lieder nachsangen, wurden sie in einem Maße begeistert, daß ihr Tanz und Feuer ein Bild der wildesten Orgien wurde. Ein Vortänzer suchte den anderen zu überbieten und ließ sich nicht eher verdrängen, bis er ganz matt hinsank. (...)

In Daulis blieben wir die Nacht; hier änderte sich das Wetter, wie uns der Schweizer schon am Morgen in Chaironeia aus den besonders gezeichneten Rosenfingern der Morgenröte geweissagt hatte. Am Freitag war es kühl und regnerisch, und bei trübem Himmel machte uns der Dreiweg, wo die Straßen nach Theben, von Delphi und von Korinth noch jetzt zusammentreffen, einen besonders wilden Eindruck. Man muß sich unwillkürlich die Mordtat des Oidipus hier lebendig ausmalen. Die Gegend ist jetzt etwas wirtlicher geworden durch einen großen Chan, welcher nach Delphi zu gebaut ist. Zwei Stunden weiter kommt man zu der Perle der griechischen Dörfer, dem wein-, weiber- und luftberühmten Arachova, wo alle Produkte der Parnaß-Gegend am schönsten gedeihen. Der beste neugriechische Stamm, der edelste an Sprache, Sitte und Gestalt, wohnt am Parnaß und die Quintessenz davon im schönen, hochgelagerten Arachova, dem alten Anemoria. Heftiger Regen trieb uns in die gastfreien Häuser, dann wanderten wir auf schönem, hohem Wege zwischen Weingärten Delphi zu, wo wir, wie weiland Brennus und seine Gallier, unter Donner und Blitz am Freitag gegen Abend anlangten.

69 Ernst Curtius. Porträtzeichnung.
Aus: F. Curtius. Ernst Curtius –
Ein Lebensbild in Briefen. Berlin
1903

Im Hause des Demarchen war bald Donner und Blitz vergessen. Wir kamen in eine allerliebste Familie, deren vorzüglichster Schmuck die älteste Tochter Maria war, ein Mädchen von so großer Anmut, Naivität und Gesundheit, daß ich mich fast ihretwegen um das Dorfschreiberamt in Delphi beworben hätte, denn mit diesem Amt pflegt auf dem Lande die Hand der Demarchentochter verbunden zu sein. Ich lebte vier Tage in Delphi, unvergeßliche Tage, die auch der Himmel wieder, obwohl nur unterbrochen, besonnte. Man kann alle Welt vergessen in diesem gemütlichen Felswinkel. Die Häuser von Kastri liegen gerade auf dem alten Tempel des pythischen Apollon, dessen mittägliche Stufe von schimmerndem pentelischem Marmor zwischen den Hütten durchscheint. Ebenso entdeckt man zwischen zwei ärmlichen Hütten einen Teil der prächtigen Theaterrundung und überall Spuren von Tempelsteinen und beschriebenen Marmorblöcken. Ehe man von Arachova her in den eigentlichen delphischen Winkel kommt, hat man zur Rechten die Gräber, erst am weitesten draußen römische Marmorsarkophage, darunter einen prachtvollen mit Löwenjagd im Basrelief und auf dem Deckel in Hautrelief, wunderschön gearbeitet, eine Matrone halbaufgerichtet, mit der Linken auf einem schön verzierten Kissen lehnend, lebensmüde. Später die griechischen Gräber, sämtlich in lebendigem Felsen, und zwar hier durchgehend gewölbt.

Dann bei der Kastalia angelangt, ist man im eigentlichen Delphi. Ein wunderschöner Platz der Kastalische Quell, unmittelbar darüber die himmelhohen Felsen und abwärts die sanften Abhänge, welche, durch das heilige Quellwasser

173

benetzt, von den schönsten Ölbäumen dicht bedeckt sind, dazwischen ein stilles Kloster unter den Mauern des alten Gymnasions. Von dort geht man hinauf und gelangt in wenigen Minuten zu einer zweiten Quelle, es ist die Kassotis, aus der die Priesterin Begeisterung trank. Sie hat noch heutzutage ihren alten Lauf mitten durch das Tempellokal, ihr Wasser sickert unter der Tempelstufe durch. Auch bewässert sie noch heute einen Lorbeerbaum, einen ehrwürdigen Nachkömmling des alten Prophetenhaines. Geht man weiter nach dem westlichen Ende der theaterähnlichen Rundung des delphischen Lokals, so kommt man wieder in eine Gräberstraße und auf einen Vorsprung, von wo man einen herrlichen Blick nach dem Meere hat, nach dem alten Hafen der Delphier, wo einst von allen Gegenden die Schiffe landeten mit den siegerstrebenden Rossen und Maultieren. Dort oben war der Versammlungsort der Amphiktyonen.

Du kannst Dir meine Freude nicht vorstellen, mit welcher ich die Spuren der Altertümer hier aufsuchte, da ich über alles Erwarten zu sicheren Resultaten gelangte und zu einer klaren Anschauung des alten heiligen Ortes. Und wenn ich so den Tag hindurch mit meinem Architekten gesucht und gemessen hatte, dann erfreute mich des Abends die fröhliche Geselligkeit jener einfachen Landleute. Es war gerade Heiratszeit, und zum Sonntag wurden drei Hochzeiten vorbereitet. Dazu gehört immer ein Zyklus von Festlichkeiten, der vierzehn Tage in Anspruch nimmt. (...)

Am Sonntag machte ich eine schöne Tour nach dem Meere zu, wo ein wunderliebliches Gartendorf Chryso liegt, der schönste Sommeraufenthalt, den man wünschen kann. In Griechenland wünsche ich immer reich zu sein, um Landhäuser zu bauen, ich wüßte so viele schöne Stellen. Von da ritt ich nach Salona, durch einen herrlichen Ölwald, dessen Oliven die schönsten im Lande sind. Am Montag kehrte ich nach Kastri zurück; am Abend war Fastnacht vor den großen Weihnachtsfasten. Unser Demarch gab ein Mahl, wo wir bis spät in die Nacht zusammen griechische Lieder sangen. Am anderen Morgen nahm ich wehmütig Abschied von den guten Delphiern. Der Demarch ließ es sich nicht nehmen, uns auf die Korykische Grotte zu begleiten. Wir stiegen gerade über Delphi an den Felsen in die Höhe, auf einer alten Felstreppe mit Ruhebänken, einem ungeheuren, mit Unrecht so unberühmten Werke der Alten. Die Korykische Grotte – ein bei Alten und Neuen so berühmter Ort – ist eine ungeheure Stalaktitengrotte. Das Schönste ist die Aussicht über den Korinthischen Golf, den man vom Isthmos bis zu den Ionischen Inseln übersieht. Später bekamen wir ein starkes Schneewetter, und zum ersten Male hatte ich die Freude, in Griechenland eine beschneite Landschaft zu sehen.

Durch schöne, wasserreiche Gegenden mit vielen Spuren des Altertums stiegen wir hinab in das Kephisos-Tal und längs der südlichen Abhänge des Parnaß wieder nach Boiotien. Undurchdringliche Sümpfe zwangen uns wieder über Chaironeia und Lebadeia zu gehen, von da nach Theben und von da in anderthalb Tagen nach Athen zurück.

174

Gott hat mich gnädig vor allen Gefahren bewahrt und mich unter den Glutstrahlen der Julisonne, welche diesmal fürchterlich waren, kräftig und wohl erhalten – aber was für jammervolle Tage ich durchlebt habe und welch ein schauerliches Unglück uns hier betroffen hat, das muß der traurige Inhalt dieser Zeilen sein. Unser teurer Lehrer und Meister ist ein Opfer seines unermüdeten Eifers geworden, wir haben den letzten Sonntag, den 2. August, Carl Otfried Müller auf dem Hügel der Akademie zur Ruhe bestattet.

Ich muß, so schwer es mir wird, Euch den ganzen Hergang unserer Reise ruhig erzählen. Am letzten Juni verließen wir Athen, diesmal, da Hausmann fehlte, nur vier an der Zahl mit fünf Pferden. Müller hatte sich in den letzten Tagen mit der Durchzeichnung des großen Schaubertschen Stadtplanes so anhaltend beschäftigt, daß er schon am ersten Reisetage sich ermattet und angegriffen fühlte. Jedoch tat ihm diese Reise wohl. Wir zogen in kleinen Tagereisen von Marathon nach Rhamnus, Oropos, Tanagra, Theben, wo wir den 5. Juli rasteten. (...)

Über den Chan von Gravia gingen wir nach Salona und von da nach kurzem Aufenthalt nach Delphi. Hier war Müllers Plan, acht Tage zu verweilen, und ich erwartete gewiß, daß diese Ruhe ihm wohltun würde. Wir hatten ein ganz erträgliches Zimmer und freundliche Bewirtung. Die Ausgrabungen gingen in den ersten Tagen auf das glücklichste vorwärts. In neun Fuß Tiefe fanden wir im Tempelbezirk die merkwürdigsten Spuren alter Souterrains, und zu gleicher Zeit ließ Müller eine Polygonalmauer, den Unterbau der Tempelterrasse, freilegen, worauf sich etwa vierzig alte Inschriften, größtenteils sehr lesbar, fanden.

Diese ersten Tage des delphischen Aufenthaltes mit ihren reichen, überaus pünktlichen Erfolgen waren die letzten hellen Tage seines Lebens. Er ließ die ganze Mauer in ihrer Steinfügung von Neise zeichnen, die einzelnen Steine und Inschriften wurden numeriert und registriert, und wir drei begaben uns jetzt ans Werk, diese noch ganz unbekannten Inschriften zu entziffern und niederzuschreiben. Des Abends wurde das Geschriebene verglichen und besprochen, die Lücken ergänzt und das Zweifelhafte zu einer neuen Besichtigung der Urschrift angestrichen. So arbeiteten wir ein paar Tage fort. Aber trotz der kühleren Bergluft fühlten wir uns alle nicht recht wohl. Schöll bekam sein Fieber wieder. Müller und Neise fühlten sich matt, und auch ich war von Leibschmerzen geplagt.

Die Ausgrabung der Mauer war bis zum Ende vorgerückt. Der Eckstein selbst war in dem Graben liegend und bei gänzlichem Mangel an Hebeinstrumenten nicht gut fortzuschaffen. Müller hatte interessante Anfänge auf diesem Stein gefunden und ließ es sich nicht ausreden, selbst den ganzen Stein zu kopieren. Zu diesem Zwecke mußte er lange in der unbequemsten, gebückten oder liegenden Stellung schreiben. Ich bat ihn drei-, viermal um die Erlaubnis, ihn abzulösen, aber er wollte dies nicht und vollendete auch die Abschrift, fühlte sich aber gleich darauf so erschöpft, daß mir damals zuerst um ihn bange wurde.

Nachdem er den ganzen Tag geruht hatte – ich glaube, es war der Zweiundzwanzigste –, kam er den folgenden Tag wieder zu den Inschriften. Ich blieb ihm zur Seite und bemerkte bald, daß er gleich nach den ersten Leseversuchen schwindlig wurde, so daß ihm sein Buch aus den zitternden Händen fiel. Von der Zeit an gab er das Schreiben ganz auf, bat mich, einzelne Stellen auf den Steinen noch zu vergleichen, und überließ es Dr. Schöll und mir, den Rest zu kopieren. Da er kein Fieber hatte und gut und viel schlief, beruhigte ich mich wieder über seinen Zustand und trug kein Bedenken, von Delphi aus meinen Plan, statt des mir wohlbekannten Weges über Daulis und Chaironeia den anderen über Stiris und Ambrysos einzuschlagen, den Freitag und Sonnabend auszuführen. Am Sonnabendabend traf ich wieder mit meinen Begleitern in Lebadeia zusammen, wo wir den Sonntag rasteten. Müller brachte den ganzen Tag auf seinem Lager zu und ließ sich bloß des Abends von uns ein halbes Stündchen herumführen, er klagte über Mattigkeit. Montag früh brachen wir auf nach Haliartos, denn er ließ sich bereden, von jetzt an den nächsten Weg nach Athen einzuschlagen, statt der verabredeten Reise über den Helikon. (...)

Schöll und ich brachten den Tag [Dienstag] in den thespischen Ruinen zu, den Abend brachen wir nach Plataiai auf. Es wurde ihm [C. O. Müller] schon so schwer, auf dem Pferde zu sitzen, daß immer zwei neben ihm gehen mußten. Sobald wir im Chan angekommen waren, fiel er in einer Art von Betäubung nieder, so daß wir ihn auf sein Lager tragen mußten. Des Nachts stand er auf, von innerer Unruhe gepeinigt. An seinen Antworten merkte ich schon, daß er fortwährend in bewußtloser Betäubung war, und hatte viel Not, ihn zu beruhigen. Es war eine schauerliche Nacht für mich. Neise war auch krank am Fieber. Wir mußten den anderen Morgen notwendig nach Kasa (Eleutherai), dort hoffte ich Menschen zu Müllers Pflege zu finden, von unsren Agogiaten nämlich waren auch zwei erkrankt und der eine, der beste von ihnen, nach Athen vorangeschickt. In Kasa hatten wir Aussicht, Müller in einem Wagen weiterschaffen zu können.

Die drei Stunden Weges bis dahin waren schwere, angstvolle Stunden, die letzte Stunde mußten wir ihn wie einen Ohnmächtigen an den Armen halten; er verlor alles Bewußtsein und schwankte haltlos hin und her.

In Kasa fanden wir sehr freundschaftliche Hilfeleistung bei den griechischen Gendarmen und den bayrischen Soldaten, die dort ein Lager haben. Mein erstes war, einen berittenen Boten nach Athen zu expedieren mit einem Briefe an den dortigen Moirarchen der Gendarmerie, worin ich ihn bat, einen vierspännigen Wagen zu schicken, und mit einem zweiten an den Leibarzt Röser, damit er selbst oder ein anderer Arzt kommen möge. Wir wußten inzwischen mit dem Kranken nichts Besseres zu tun, als kalte Umschläge um seinen Kopf zu legen, was der Arzt später auch sehr billigte. (...)

176

Gleich nach Sonnenaufgang [Donnerstag] meldeten die Gendarmen, daß der Wagen von Athen sich zeige; ich eilte ihm entgegen und fand den trefflichen Röser darin, dem der König, sobald meine Briefe angekommen waren, Urlaub für die Reise und den bequemsten der königlichen Wagen gegeben hatte. Röser stellte sich, um Müller nicht zu beunruhigen, als wenn er zufällig des Weges gekommen wäre. Er hatte eine Menge kühlender Erfrischungen bei sich, die dem Kranken wohltaten. Uns befreite seine Ankunft aus unserer schrecklichen, angstvollen Ratlosigkeit. Freilich erklärte Röser den Zustand für sehr bedenklich, er erkannte darin den Anfang eines nervösen Gallenfiebers, aber wie hätten wir nicht hoffen sollen, daß der Kranke jetzt unter den Händen geschickter Ärzte glücklich die Gefahr bestehen sollte. Röser erklärte, daß er noch denselben Tag nach Athen geschafft werden müsse. Schöll und ich gingen zu Pferde voran, um dort Einrichtungen zu treffen. (...) Der Zustand Müllers hatte sich bald nach unserer Abreise in Kasa wieder verschlimmert; ein neuer, stärkerer Paroxysmus war eingetreten, in gänzlicher Bewußtlosigkeit war er nach Athen gekommen, und der Arzt hatte schon während der Fahrt sein Verscheiden gefürchtet. Die einzige Hoffnung der Ärzte beruhte noch darauf, durch starke Chinindosen das Fieber zu brechen, das versteckt, aber bösartig an ihm zehrte, aber es war vergeblich. Am Sonnabend trat ein neuer Paroxysmus ein, und in der darauffolgenden Ermattung entschlief er des Nachmittags 10 Minuten vor 4 Uhr im 43. Jahre seines Lebens, nachdem man alle möglichen Reizmittel umsonst angewendet hatte. (...)

Überdenke ich jetzt die ganze Zeit der Anwesenheit Müllers, so wird mir zur Gewißheit, daß nicht einzelne Momente der letzten Reise Ursache seines Todes sind, sondern die übermäßige Anstrengung während seines ganzen Aufenthaltes, und zwar besonders in Athen selbst. Er hatte einen fast leidenschaftlichen Eifer für seine Studien, der ihn alles vergessen ließ, und es war ihm physisch und psychisch unmöglich, sich in jenes ruhige Ebenmaß der Lebensart zu finden, welches in heißen Südländern für die Gesundheit notwendig ist. Das ewig unermüdete Jagen und Trachten verzehrt hier zu schnell die Lebenskräfte. Dazu kam, daß das ungewöhnlich nasse, kalte Frühjahr heuer ihn taub machte gegen alle Warnungen, das Klima betreffend. Er wurde dadurch verleitet zu einer gewissen Geringschätzung der griechischen Sonne, die nach dem kalten Frühjahr desto plötzlicher ihre Gluten entfaltete. Auch hatte er die fixe Idee, daß sein Kopf von Natur eisenhart sei, und trotz meines dringenden Flehens – denn jeder mit dem griechischen Klima Bekannte zittert unwillkürlich, wenn er einen unbedeckten Kopf sieht – war er viel zu wenig achtsam darauf, seinen Kopf immer bedeckt zu halten. Durch Röser wird ein offizieller Krankenbericht nach Deutschland gesandt werden. Ja, geliebteste Eltern, Griechenland sollte für mich eine Schule mannigfacher Erfahrungen sein. (...)

Wer kauft Delphi? – Auszug aus einem Essay von Kleinpaul

Und steigt vor meinem Blick der reine Mond
Besänftigend herüber, schweben mir
Von Felsenwänden, aus dem feuchten Busch
Der Vorwelt silberne Gestalten auf
Und lindern der Betrachtung strenge Lust.

Faust

I

Wer kauft Delphi? Delphi für dreihunderttausend Drachmen! Den Tempel und seinen Schatz, den Nabel der Erde und den Stein, den der unbarmherzige Kronos ausgespien, den heiligen Dreifuß – will ihn niemand? Gibt niemand einen Pfifferling mehr für das Orakel?

So ungefähr lautete das Angebot, welches uns ein Sohn des Dorfes Kastri nicht gerade öffentlich in den athener Straßen, wohl aber unter der Hand in der Minerva, dem bekannten Curiositätencabinet auf der Hermesstraße (Nr. 274) machte; es ist dies das beste Haus, aber man bekommt auch da nicht immer echte Waare; wie in Luxor existiren in Athen vollständige Antiquitätenfabriken, mit weitläufigen Kellern, in welchen man die neuen Alterthümer verscharrt, damit sie, künstlich rostend und gleichsam lebendig begraben, ein alterthümliches Aussehen und die sogenannte Patina annehmen; dann kommen sie in die Minerva oder auf die griechischen Inseln, nach der europäischen Türkei und nach Kleinasien, um an Amateurs und an Museen für horrende Preise verkauft zu werden.

Kastri steht auf der Stelle des berühmten Apollon-Tempels und des ihn umgebenden heiligen Bezirks und bildet, einige Felder eingerechnet, wie dieser ungefähr ein gleichschenkeliges Dreieck, dessen Spitze bei dem neuen Brunnen auf der Straße nach Arachova vor der Kastalischen Quelle zu suchen ist, während der südliche Schenkel bis zum letzten Hause des Dorfes auf der Straße nach Chryso, der nördliche bis unter den Felsen von Kerna hinabreicht. Die Existenz von Kastri macht daher ausgedehntere Nachgrabungen und eine Bloßlegung der Reste der alten Bauwerke ebenso unmöglich, wie die Stadt Palestrina die Aufdeckung des alten Fortuna- oder das Dorf Luxor die des großen Ammon-Tempels hindert – eine Parallele, die um so näher liegt, als man beidemale beliebt hat, die alten Ruinen, die wahrscheinlich in solche verwandelt worden waren, als Schlösser *(castra)* aufzufassen. Hier wie dort erdrücken elende Hütten, zum Theil aus ihr selbst entnommen, die edle Schöpfung längst dahingegangener Generationen, und die kleinen unbedeutenden Epigonen nisten dicht zusammengedrängt in ihr, als suchten sie den Schutz der Gottheit, die in diesen Hallen waltet, unüberwunden durch die Stürme der Jahrtausende. Doch sind die Schloßbewohner, wenigstens die griechischen, weit entfernt von einer derartigen Pietät, da sie sich nicht nur nichts aus dem göttlichen Schutze machen, sondern ihn an jeden Liebhaber abzutreten bereit sind, der ihnen die Mittel gewährt, ohne Gott zu leben.

Sie speculiren nämlich auf eine großartige Expropriation und stellen, auf das Interesse der Europäer daran pochend, unsinnige Forderungen. Den berühmten Tempel, in welchem die Frömmigkeit der alten Griechen so viele Reichthümer, kostbare Weihgeschenke und unvergängliche Kunstwerke aufgehäuft hat, der auch zugleich eine Art Depositenbank des Landes bildete, betrachten sie als einen unter der Erde vergrabenen ihnen gehörigen Schatz, der möglichst gut verwerthet werden muß. Die von der Archäologischen Gesellschaft in Athen gesammelten Fonds genügen indeß nicht, und außerdem hat die Unpünktlichkeit der griechischen Regierung in der Bezahlung von Indemnitäten das Volk mistrauisch gemacht; ja sie fürchten, man könnte sie gelegentlich einmal expropriiren ohne jede Entschädigung. Sie möchten also die Anwartschaft auf ihren Schatz am liebsten an den ersten besten Schliemann oder meinetwegen an das Deutsche Reich losschlagen, wie sie inzwischen, um wenigstens etwas loszuschlagen, von den herumliegenden Meisterwerken alles losschlagen, was losgeschlagen werden kann. Damit hängt wieder zusammen, daß sie ihren Schatz eifersüchtiger als Fafner seinen Nibelungenhort bewachen und jeden Fremden, der sich bei ihnen blicken läßt, für ein gefährliches Subject halten – sie, die doch, meiner Treue, selber nicht gerade sehr vertrauenerweckend aussehen. Aber sie meinen, da doch nicht jeder gleich Delphi kaufe, so könne seine Lust nur das Spioniren sein, ja durch seine Entdeckungen am Ende gar die gefürchtete Zwangsmaßregel herbeigeführt werden. Die Folge ist, daß sie nicht nur den nach Delphi wallfahrenden Archäologen Hindernisse aller Art in den Weg legen, sondern die alten Bauwerke womöglich noch tiefer als vorher verschütten – wie sie z. B. im Jahre 1861 die Schatzkammern wieder verschüttet haben, welche der Franzose Foucart, ein Mitglied der französischen Schule in Athen und Verfasser des werthvollen »Mémoire sur les ruines et l'histoire de Delphes« (Paris 1865), durch eine Sondirung aufgedeckt hatte und in welchen sich nach seiner Meinung befand, »was die steinerne Schwelle des Fernhintreffenden einschließt« (Ilias IX, 404); und so entsteht der Widerspruch, daß sie sich einerseits jeder Ausgrabung aufs eifrigste widersetzen, andererseits in der Hoffnung auf ein Aequivalent alle Welt möchten graben lassen.

Der obenerwähnte Orakelmäkler war der famose Butilias, der Bruder des noch famosern Frankos, der eben bei jenem Handel am meisten interessirt ist. (...) Butilias ist ungefähr soviel wie Buttler, und Frankos soviel wie Franke; jener hat einmal im Kriege seine Kameraden mit einer *Bottiglia* [ital.: ›Flasche‹] Wein bewirthet, während er selbst keinen Tropfen trank; dieser diente als Knabe auf französischen und italienischen Schiffen und kam eines Tages mit *fränkischen* Hosen nach Kastri zurück. Seitdem hat er sie allerdings, der alte Oberst und Freiheitsheld, längst wieder ausgezogen und mit der blendend-

179

weißen Fustanella vertauscht, in der wir ihn jetzt noch sehen – ein Veteran in einem Weiberrock. Dieser vierundneunzigjährige Greis, der aber nur ein Sechziger scheint und finster unter den buschigen weißen Augenbrauen hervorblickt, hat gerade über einer besonders wichtigen und interessanten Stelle südlich vom Tempel und unter seiner Terrasse (angeblich über dem Heiligthum der vor Apollon in Delphi verehrten Gaia, von dem sich noch Boden, Säulenstümpfe und Capitäle finden sollen) ein Haus gebaut, blos auf die Speculation, man werde es ihm nebst den dazu gehörigen Hypogäen für den Preis von zehntausend Drachmen abkaufen. Er ist am bissigsten, wenn man hier graben will, und als die Herren Foucart und Wescher die Inschriften der großen pelasgischen Mauer, der Grundmauer des Tempels selbst, copiren wollten, stellte er Buben an, die sie während der Arbeit von oben herab mit Steinen bewerfen mußten.

Ein ähnliches Abenteuer begegnete Chateaubriand unter den Mauern von Korinth. Während er in einem Weinberg einen Marmor betrachtete, wurde er durch einen Hagel von Steinen überrascht. Er meint, offenbar hätten die Nachkommen der Lais, die, wie es heißt, Frauen in einem Aphrodite-Tempel gesteinigt haben, die Tradition aufrecht erhalten wollen. (…)

II

Setzen wir nun einmal den Fall, Delphi würde verkauft – für dreihunderttausend Drachmen an einen begeisterten Alterthumsfreund verkauft: so würde also wahrscheinlich das jetzige Dorf Kastri vom Erdboden verschwinden und aus Schutt und Staub das ehrwürdige Delphi gleich einem Orte der Seligen wiedererstehen: »Das alte Orakel fände sich wieder, aufs neue baute Apollon sich auf.« An die Stelle der kleinen mit altbyzantinischen Malereien bedeckten Dorfkirche würde der in mächtigem dorischen Stil erbaute Tempel, ein Vorbild des Parthenon, an die Stelle des Kaffeehauses die mit den großartigen Gemälden Polygnots ausgeschmückte Lesche, und an die Stelle des nach Mariä Himmelfahrt benannten Klosters, der ›Κοίμησις τῆς Θεοτόκου‹ [koimesis tes theotokou, griech.: ›Grab der Mutter Gottes‹], das Gymnasion treten, von dem man hier noch den fünfeckigen Badesaal erkennt, und in dessen Trümmern die Landleute an Festtagen ihre Tänze aufzuführen pflegen. Sehen wir uns die genannten Gebäude, um die sich das Leben der Einwohner gewissermaßen dreht, einmal etwas näher an und fragen wir, ob die Welt bei einem Tausch etwas verlöre, der zwar auf den ersten Blick sehr ungleich scheint, der dennoch auf einen Tausch zwischen Leben und Tod, zwischen Gegenwart und Vergangenheit hinausläuft.

In dem Kloster, das unterhalb Kastri an der nach Arachova führenden Straße liegt, sind wir bei unserer Reise nach Delphi zunächst selber abgestiegen; es ist, wie das hier ausliegende Fremdenbuch zeigt, das gewöhnliche und am Ende auch das einzig mögliche Quartier auf dem ›sacred soil of Delphes‹ [engl.: ›heiliger

180

Boden Delphis‹], was freilich nicht hindert, daß man nicht auch hier ganz eigentlich auf dem ›sacred soil‹, d. h. auf dem Fußboden schlafen muß. Uralte Oelbäume beschatten es, und alte Leute, Philemon und Baucis, wohnen darin; der Philemon heißt Elias Freitag (Παρασκευᾶς Ἡλίας [Paraskeuas Elias]) und ist ein ausgedienter Soldat aus Mytilene, die Baucis heißt Helena; außerdem gibt es noch einen Bewohner, der officiell den Titel ›guter Alter‹ (καλόγερος [kalogeros]) führt: Das ist der einzige hier stationirte Mönch, ein Sohn des großen Jerusalem-Klosters, das in einem prachtvollen Walde hundertjähriger Edeltannen am Parnaß gelegen und von welchem das unserige nur eine Meierei (μετόχι [metochi]) ist. Es scheint also, man ist hier bei lauter guten alten Leuten – man ist es in der That; beim Murmeln der Kastalischen Quelle schläft sich's wohl. Denn auch sie fließt an diesem hochpoetischen Ort vorüber und hat dereinst das oben erwähnte Bad gespeist; die beiden leuchtenden Felsen, zwischen denen sie in kaum merklichen Tröpfchen hervorsickert, die Phaidriaden, die das Sonnenlicht während des größten Theils des Tages zurückstrahlen, von den Dichtern oft als der doppelte Gipfel des Parnaß besungen, erheben sich nur wenige Schritte oberhalb des Klosters und stehen sozusagen in dem Winkel zwischen ihm und Kastri; von ihnen aus läuft sie dann als Bach nach dem Kloster zu, bis sie sich in den Pleistos stürzt, dessen tiefes romantisches Thal den Parnaß von dem südlichern Gebirgszuge, der Kirphis, trennt.

Zwar wenn man so spät abends in den dunkeln Oelwald einreitet und vor dem langen einstöckigen Breterhause hält, alles offen, keine Thür und kein Fenster in Ordnung findet, nur ein paar große Hofhunde darin – in dem sogenannten Fremdenzimmer, wie schon gesagt, nichts als einige Decken am Boden, einen Tisch, einen Stuhl, eine Bank und einen Kasten sieht – davor eine Art Veranda, in der der Reverendus mit einem Sohne des Hauses schläft, und von welcher man auf einer baufälligen Treppe zu einer Kirche hinuntersteigt, die einem Schuppen gleicht – dazu der alte Wächter, ganz in Lumpen gehüllt, seine Frau nicht besser costümirt, zwar mit einem lieben treuen Gesichte, aber, guter Gott, halb wild – ich sage, wenn man das vor sich sieht, (...) – wahrhaftig, ich sage, so ist's einem nicht ganz geheuer, und man glaubt am Ende, gleich jenem baierischen Grafen, der zu den Benedictinern von S. Nicola in Catania wollte und in eine Räuberherberge gerieth, ganz wo anders zu sein als in einem Kloster.

Doch, sagt der alte Elias:

»Doch kein Dichter soll heran,
Der das Aechzen und das Krächzen
Nicht zuvor hat abgethan!«

Er nimmt einen zinnernen Becher, spült ihn aus und füllt ihn – nicht mit Wein, nicht mit rothem Retsinato, der, mit Harz vom Parnaß geschwängert, in Delphi allein getrunken wird – nein, er füllt ihn mit dem köstlichen frischen Wasser der Kastalischen Quelle und reicht ihn uns mit dem stehenden Gruß der Griechen, den schon das konstantinopolitanische Volk den byzantinischen Kaisern und ihren Generalen zurief: »$K\alpha\lambda\tilde{\omega}\varsigma\ \dot{\omega}\varrho\iota\sigma\varepsilon\tau\varepsilon$« (›Seid willkommen‹ [*Kalos orisete*])! »$K\alpha\lambda\tilde{\omega}\varsigma\ \dot{\omega}\varrho\iota\sigma\varepsilon\tau\varepsilon!$« sagt gleichzeitig die alte Helena und drückt uns zutraulich die Hand. Ja, ja, versichert der biedere Elias, es sei kastalisches Wasser, wir sollten nur nachsehen in unserm Buche, da stünde es. Wer wollte da widerstehen? Welcher Dichter noch ächzen? »$K\alpha\lambda\tilde{\omega}\varsigma\ \sigma\tilde{\alpha}\varsigma\ \eta\tilde{\nu}\varrho o\mu\varepsilon\nu$« (›Zu guter Stund' getroffen‹ [*Kalos sas euromen*])! antworteten wir freudig mit einer gleichfalls hergebrachten Formel und sogen es mit vollen Zügen ein, das erquickende Naß der Musen, das an Lauterkeit weder dem Trevi-Brunnen in Rom noch dem filtrirten Nil in Aegypten nachsteht, das bereits von den griechischen Dichtern seiner Reinheit halber gepriesen, von den römischen aber zur Urquelle der poetischen Inspiration erhoben wurde; was sie so oft von den Göttern sehnsuchtsvoll erflehten: ihnen die Schale mit kastalischem Naß zu füllen, uns ward es ungesucht zutheil – zutheil, so lange wir im Kloster blieben, denn man trinkt hier kein andres Wasser. (...)

III

Die Oelbäume bilden den Hauptreichthum der Meierei, und da die Olivenernte gerade (in der zweiten Hälfte des October) in vollem Gange ist, so unterlassen wir nicht, uns die in der Nähe befindliche Oelmühle anzusehen.

Ueberhaupt ist die ganze Gegend voll von Olivenwäldern, und selbst die dereinst dem Apollon geweihte Krisaiische Ebene, welche nicht bebaut werden durfte und deren Usurpation von seiten der Lokrer den Heiligen Krieg herbeiführte, ist gegenwärtig damit bedeckt. Um Diebe abzuhalten, stehen überall Wächter auf hohen hölzernen Gerüsten, wie in Aegypten die Fellahin von Erdhügeln aus ihre Bohnenfelder und wie die Juden des Jesaias von Thürmen aus die Weinberge bewachen.

Bei den Oelmühlen in Delphi hat man zwei Apparate zu unterscheiden:

Erstens die Mühle, wo die Oliven, nachdem man sie mit siedendem Wasser benetzt, sammt den Kernen durch große Steine zu Brei zermalmt werden. Die Steine werden meist durch Menschen, hier im Kloster durch ein Pferd umgetrieben; doch hat man auch schon, wie in Amphissa, in Chryso, in Arachova, Dampfmaschinen. Diese Mühle entspricht dem römischen Trapetum.

Zweitens die Presse. Der gewonnene Brei wird als ein Kataplasma in große viereckige Stücke Filz geschüttet, die dann, funfzehn bis sechzehn übereinander gelegt und wie Postpackete mit Bindfaden zugeschnürt, vermittels einer doppelten Kelter gepreßt werden: Das Oel sickert durch die Filzemballage hindurch und ergießt sich in zwei Quellen in eine ringsherum laufende Rinne; von da fließt es, zu einem Hauptstrom vereinigt, in eine tiefer liegende horizontale Rinne; hier theilt es sich wieder in zwei Arme, welche durch zwei Mündungen in einen zweifächerigen hölzernen Kasten laufen. Da nämlich meist für mehrere

182

Oelbauer zugleich gepreßt wird, so legt man in die horizontale Rinne Lappen, um die Flüssigkeit gleichsam zu canalisiren. Das zugemischte Wasser sinkt nach unten und läuft durch eine Röhre ab. Nach der ersten Pressung werden die Packete herausgenommen, in siedendes Wasser getaucht und dann abermals gepreßt. Diese Presse ($\lambda\eta\nu\delta\varsigma$ [lenos]) entspricht dem römischen Torcular.

Ich will den Gegenstand nicht verlassen, ohne auch der Getreidemühlen ($\mu\acute{\upsilon}\lambda\omega$ [myloi]) von Kastri zu erwähnen; sie sind in dem reizenden Mühlenthale gelegen, das mit seinem Wasserreichthum und mit seiner frischen Vegetation einen so angenehmen Contrast zu den brennenden Felsenwänden um Delphi bildet. Die Straße, die dorthin führt, ist breit, doch mit losen Steinen ganz übersäet, sodaß man in einem ausgetrockneten Flußbett zu gehen meint; übrigens hat sie einige Aehnlichkeit mit der römischen Gräberstraße, denn es finden sich hier mächtige Sarkophage, deren Deckel daneben liegen, sowie größere und kleinere Nischen für Aschenurnen oft noch hoch oben in den Felsen eingesprengt. (...) Die Mühlen, fünf oder sechs an Zahl, stehen staffelförmig übereinander, nicht weit vom Ufer des Pleistos, und werden alle durch das Wasser eines nie versiegenden Bachs ($K\varepsilon\varphi\alpha\lambda\delta\beta\varrho\upsilon\sigma\sigma\upsilon$/Kephalovrion) getrieben. Hier bringen die Einwohner von Kastri ihr Getreide her, und jeder wartet, bis er an die Reihe kommt, denn kein Grieche traut dem andern. Was uns diese Stelle besonders interessant macht, ist, daß hier vermuthlich einst ein heiliger Hain gestanden hat, und daß die sechs oder sieben jetzt dem Basilios Ioannes, der Panagia, Ioannes dem Jäger, dem heiligen Ohnegeld ($\Hat{A}\gamma\iota\omicron\varsigma$ $\Hat{A}\nu\acute{\alpha}\varrho\gamma\upsilon\varrho\omicron\varsigma$ [Agios Anargyos]) und verschiedenen andern Heiligen geweihten Kapellen wahrscheinlich antiken Tempelchen entsprechen, so zwar, daß die Panagia auf die Aphrodite, der heilige Basilios Ioannes auf die Quellnymphe, der Ohnegeld auf den Aesculaps [Asklepios] gefolgt wäre.

IV

Diese letzte Bemerkung verdient verallgemeinert zu werden. Ueberall in Griechenland haben sich unter der Hülle und unter den Formen des Christenthums die Spuren des Heidenthums erhalten. Nicht nur das alte Götter und christliche Heilige sich gewöhnlich auf einem und demselben Platze begegnen: ihr Zusammentreffen ist auch kein zufälliges, sondern begründet in einer gewissen Analogie des Wesens; und wenn Athene durch die heilige Jungfrau oder Sophia, Ares oder Theseus durch den heiligen Georg, das Dioskurenpaar durch die Heiligen Georg und Michael, der den Sonnenwagen lenkende Helios durch den auf feurigem Wagen gen Himmel fahrenden Elias, Poseidon durch den heiligen Nikolaos, den Schutzpatron der Schiffer, abgelöst worden ist, so erscheint das oft nur als eine Vertauschung von Namen, zu welcher bisweilen bei $\Hat{H}\lambda\acute{\iota}\alpha\varsigma$/Elias und $\Hat{H}\lambda\iota\omicron\varsigma$/Helios, schon der Gleichklang Anlaß gab. (...)

183

Nicht blos das heutige Dorf Kastri, sondern in gewisser Beziehung das Alterthum selbst würde bei einer Wiederherstellung des alten Delphi vom Erdboden verschwinden: Die Traditionen würden fallen, die den Boden wie alle heiligen Orte umspinnen, die im Volke aus Unkenntniß und auf Grund zufälliger Analogien entstanden sind, doch leider bis jetzt die Hauptausbeute des wißbegierigen Pilgrims bilden.

(...) Es ist offenbar eine der ersten Fragen, welche der Fremde thut, wo der heilige Dreifuß gestanden habe. Im Hintergrunde des Thals, das auf der einen Seite Delphi begrenzt, existirte, so meldet die Geschichte, ein Erdspalt, auf den ursprünglich niemand geachtet hatte, vielleicht ähnlich der Hundsgrotte bei Neapel. Da näherten sich ihm einst Ziegen, die in der Umgebung weideten, und plötzlich begannen sie laut zu meckern und merkwürdige Sprünge zu machen. Ihr Hüter, der Hirt Koretas, erstaunte und glaubte, es sei irgendein Ungeheuer darin verborgen und seine Heerde dadurch in Schrecken gesetzt worden. Von Neugierde getrieben, wollte er in die Kluft hinunterblicken; aber kaum hatte er den Kopf hineingesteckt, so wurde er von einer wahnsinnigen Begeisterung ergriffen, er begann wie seine Ziegen albern umherzuspringen und ruhte nicht, bis er, erschöpft und in Schweiß gebadet, niederfiel. Da kam es ihm vor, als sei er in eine andere Welt entrückt; was er sah, erschien ihm verzaubert und wunderbar: in der Natur unendlichem Geheimniß las er ein wenig.

Die Bauern der Umgegend, die in die Menge kamen, um Koretas zu hören, verfehlten nicht, seinen Zustand und seine Sprache einem göttlichen Geiste zuzuschreiben, der aus dem Abgrund wehe, und jeder wollte die prophetische Kraft der aufsteigenden Dünste an sich selbst erproben. Alle, die sich der Schlucht näherten, wurden begeistert und von ähnlichen Verzückungen ergriffen wie unser Ziegenhirt. Das Gerücht verbreitete das Wunder, und von allen Enden der Erde strömten die Neugierigen herbei. Mehrere Fanatiker stürzten sich in den Schlund, um den darin verborgenen Gott von Angesicht zu Angesicht zu schauen. Diese Excesse wiederholten sich immer häufiger; nun schritt die Obrigkeit ein und ließ die Oeffnung durch ein eisernes Gitter schließen, das von drei Füßen getragen wurde; hieraus soll dann der hohe Dreifuß entstanden sein: ein Hohlbecken mit drei aus verschlungenen Schlangen gebildeten Füßen, über dem auf einer kreisförmigen durchbrochenen Scheibe der Stuhl stand, den die pythische Priesterin in goldenem Haarschmuck und in langem fließenden Gewande bestieg.

Den Dreifuß umgab die Haut der Schlange Python, welche die Flur von Delphi verwüstet, sogar die Latona [Leto] und ihre göttlichen Kinder angegriffen hatte, dann aber von Apollon mit seinen sichern Pfeilen getödtet ward.

Eine annähernde Vorstellung von dem lehnstuhlartigen Sitze der Priesterin mag der marmorne Dreifuß geben, welcher sich, das Gestell von einer Schlange umringelt, neben einer schönen in der Villa Borghese befindlichen Statue des Apollon unter dem Greise erhebt, den der Gott in seiner Linken hält. Auch auf den Sarkophagen, deren Bildwerke den Muttermord des Orestes zum Gegenstande haben, im Lateran und im Vatican bemerkt man ähnliche.

Nun, wie man die Höhle, wo der Drache hauste, in der tiefen düstern Schlucht wiedererkennen will, die sich von der sogenannten Platane des Agamemnon zum Pleistos hinabsenkt, so bot sich der Phantasie des Volkes für den berühmten Erdspalt keine geeignetere Stelle dar als die hochromantische Kluft, welche die Phaidriaden voneinander trennt, und an deren Eingang die Kastalische Quelle fließt, zumal man wissen wollte, daß sich die Pythia gewöhnlich in der Kastalischen Quelle gebadet habe, und daß das viereckige Bassin, in welchem sich sonst das Wasser der Quelle sammelte, das Bassin der Pythia heißen müsse. Gleichwol unterliegt es gar keinem Zweifel, daß die prohetische Höhle nebst dem sie umschließenden Adyton im Umkreise des Tempels zu suchen und folglich gegenwärtig, ja wahrscheinlich für immer, unsichtbar geworden ist, sowie daß das Wasser der Kastalischen Quelle nur dazu diente, den Boden des Tempels zu besprengen, und daß jeder Pilger, der das Orakel befragen wollte, sich erst in der Quelle baden mußte, woraus eben hervorgeht, daß sie sich am Eingang und nicht im Innersten des Tempels befand.

Dennoch ist diese Stelle, dank der Tradition, jetzt der besuchteste Punkt von Delphi, und jeder Tourist bewährt daselbst den Charakter seiner Nation: Der Deutsche wäscht sich andächtig Gesicht und Hände und declamirt eine Ode des Horaz; der Engländer schlägt sein Reisehandbuch auf und kostet das Wasser; der Franzose blickt einen Augenblick hin und beeilt sich, wenn er in Gesellschaft ist, einen Witz zu machen, etwa über den Weg, welchen der prophetische Geist einschlug, um ins Innere der Pythia zu gelangen – *et se visceribus mergit,* nach dem Ausdruck des Lucan. Ein paar Schritte weiter abwärts waschen die Weiber des Dorfs ihre Linnen und Kleider, und weidende Ziegen klettern, Orakel entdeckend, durch die Schlucht.

VII

Fragen wir einmal, was stehen bleiben könnte. Die Natur in ihrer stillen Größe und in ihrer einfältigen Pracht. Das erhabene Theater von Delphi, der mächtige Halbkreis von Bergen, der es im Norden einschließt, die Terrassen, welche sich wie Stufen einer ungeheuern Freitreppe vom Bett des Pleistos zu ihm erheben und hinter denen im Süden wie Kirphis wie die Rückwand einer Scene aufgerichtet ist, der doppelte Gipfel des Parnaß – nichts weiter. Während das Dorf Kastri uns die Anordnung der alten Monumente nur verbirgt, bleiben sie, die alten Berge, noch unsere einzigen treuen und sichern Führer, stehen sie noch unerschüttert, wenn sich alles Menschliche um sie verändert hat. Wie großartig,

185

wie ausdrucksvoll, wie classisch ist diese Natur! Sie prägt sich dem Gedächtniß wie ein apollinischer Traum für ewige Zeiten ein. Aus diesem Traume, in dem die silbernen Gestalten der Vorwelt von Felsenwänden und aus feuchten Büschen vor uns aufzuschweben scheinen, werden wir durch die erbärmliche Gegenwart nur zu oft gerissen – wie sollten wir es nicht? Sie ist so wenig im Einklang mit Pytho, daß sie sich selbst daraus verbannt.

Gleichwol, möchte ich sagen, erweisen sich die Bewohner von Kastri eben durch diese Speculation als echte Söhne des alten Delphi. Vergessen wir nur nicht, daß die Pythia nichts viel Besseres war als eine moderne Somnambule, deren Talent von ihrem Magnetiseur in Rom oder Paris ausgebeutet wird, und daß die kluge Priesterschaft, deren Werkzeug sie gewesen, das Orakel nicht als ein heiliges Institut, sondern als ein Macht- und Industriemittel ins Leben rief, durch das sie den weitgreifendsten Einfluß auf die Politik der hellenischen Staaten ausüben und zugleich sich selbst bereichern wollte. Noch gegenwärtig existirt ja auf einer kleinen Insel bei Korfu, Kasopo, eine Art Orakel, das die Panagia durch den Mund des Popen den Bewohnern der ionischen Inseln für klingende Münze ertheilt. Nun, auch den heutigen Inhabern der delphischen Orakelstätte soll Apollon noch immer Geld einbringen und ganz Kastri gespalten werden, um den Gott abermals aus den Tiefen der Erde hervorzuholen.

Möchte, wer dann den Kopf in die Spalte steckt, nicht minder begeistert werden als der Hirt Koretas!

Apollinisches und Dionysisches – »Die Geburt der Tragödie aus dem Geiste der Musik« von Friedrich Wilhelm Nietzsche (1844–1900; Auszug)

1. Wir werden viel für die ästhetische Wissenschaft gewonnen haben, wenn wir nicht nur zur logischen Einsicht, sondern zur unmittelbaren Sicherheit der Anschauung gekommen sind, daß die Fortentwickelung der Kunst an die Duplizität des Apollinischen und des Dionysischen gebunden ist: in ähnlicher Weise, wie die Generation von der Zweiheit der Geschlechter, bei fortwährendem Kampfe und nur periodisch eintretender Versöhnung, abhängt. Diese Namen entlehnen wir von den Griechen, welche die tiefsinnigen Geheimlehren ihrer Kunstanschauung zwar nicht in Begriffen, aber in den eindringlich deutlichen Gestalten ihrer Götterwelt dem Einsichtigen vernehmbar machen. An ihre beiden Kunstgottheiten , Apollon und Dionysos, knüpft sich unsere Erkenntnis, daß in der griechischen Welt ein ungeheurer Gegensatz, nach Ursprung und Zielen, zwischen der Kunst des Bildners, der apollinischen, und der unbildlichen Kunst der Musik, als der des Dionysos, besteht: Beide so verschiedne Triebe gehen nebeneinander her, zumeist im offnen Zwiespalt miteinander und

sich gegenseitig zu immer neuen kräftigeren Geburten reizend, um in ihnen den Kampf jenes Gegensatzes zu perpetuieren, den das gemeinsame Wort ›Kunst‹ nur scheinbar überbrückt; bis sie endlich, durch einen metaphysischen Wunderakt des hellenischen ›Willens‹, miteinander gepaart erscheinen und in dieser Paarung zuletzt das ebenso dionysische als apollinische Kunstwerk der attischen Tragödie erzeugen. (...)

3. Um dies [das Erstaunen, das Grauen des apollinischen Griechen vor dem Dionysischen] zu begreifen, müssen wir jenes kunstvolle Gebäude der apollinischen Kultur gleichsam Stein um Stein abtragen, bis wir die Fundamente erblicken, auf die es begründet ist. Hier gewahren wir nun zuerst die herrlichen olympischen Göttergestalten, die auf den Giebeln dieses Gebäudes stehen und deren Taten in weithin leuchtenden Reliefs dargestellt seine Friese zieren. Wenn unter ihnen auch Apollon steht, als eine einzelne Gottheit neben anderen und ohne den Anspruch einer ersten Stellung, so dürfen wir uns dadurch nicht beirren lassen. Derselbe Trieb, der sich in Apollon versinnlichte, hat überhaupt jene ganze olympische Welt geboren, und in diesem Sinne darf uns Apollon als Vater derselben gelten. Welches war das ungeheure Bedürfnis, aus dem eine so leuchtende Gesellschaft olympischer Wesen entsprang?

Wer, mit einer anderen Religion im Herzen, an diese Olympier herantritt und nun nach sittlicher Höhe, ja Heiligkeit, nach unleiblicher Vergeistigung, nach erbarmungsvollen Liebesblicken bei ihnen sucht, der wird unmutig und enttäuscht ihnen bald den Rücken kehren müssen. Hier erinnert nichts an Askese, Geistigkeit und Pflicht: hier redet nur ein üppiges, ja triumphierendes Dasein zu uns, in dem alles Vorhandene vergöttlicht ist, gleichviel ob es gut oder böse ist. Und so mag der Beschauer recht betroffen vor diesem phantastischen Überschwang des Lebens stehn, um sich zu fragen, mit welchem Zaubertrank im Leibe diese übermütigen Menschen das Leben genossen haben mögen, daß, wohin sie sehen, Helena, das ›in süßer Sinnlichkeit schwebende‹ Idealbild ihrer eignen Existenz, ihnen entgegenlacht. Diesem bereits rückwärts gewandten Beschauer müssen wir aber zurufen: »Geh' nicht von dannen, sondern höre erst, was die griechische Volksweisheit von diesem selben Leben aussagt, das sich hier mit so unerklärlicher Heiterkeit vor dir ausbreitet. Es geht die alte Sage, daß König Midas lange Zeit nach dem weisen Silen, dem Begleiter des Dionysos, im Walde gejagt habe, ohne ihn zu fangen. Als er ihm endlich in die Hände gefallen ist, fragt der König, was für den Menschen das Allerbeste und Allervorzüglichste sei. Starr und unbeweglich schweigt der Dämon; bis er, durch den König gezwungen, endlich unter gellem Lachen in diese Worte ausbricht: ›Elendes Eintagsgeschlecht, des Zufalls Kinder und der Mühsal, was zwingst du mich dir zu sagen, was nicht zu hören für dich das Ersprießlichste ist? Das Allerbeste ist für dich gänzlich unerreichbar: nicht geboren zu sein, nicht zu sein, nichts zu sein. Das Zweitbeste aber ist für dich – bald zu sterben.‹« (...)

Jetzt öffnet sich uns gleichsam der olympische Zauberberg und zeigt uns seine Wurzeln. Der Grieche kannte und empfand die Schrecken und Entsetzlichkeiten des Daseins: um überhaupt leben zu können, mußte er vor sie hin die glänzende Traumgeburt der Olympischen stellen. Jenes ungeheure Mißtrauen gegen die titanischen Mächte der Natur, jene über allen Erkenntnissen erbarmungslos thronende Moira, jener Geier des großen Menschenfreundes Prometheus, jenes Schreckenslos des weisen Oidipus, jener Geschlechtsfluch der Atreiden, der Orestes zum Muttermorde zwingt, kurz jene ganze Philosophie des Waldgottes, samt ihren mythischen Exempeln, an der die schwermütigen Etrurier zugrunde gegangen sind – wurde von den Griechen durch jene künstlerische ›Mittelwelt‹ der Olympier fortwährend von neuem überwunden, jedenfalls verhüllt und dem Anblick entzogen. Um leben zu können, mußten die Griechen diese Götter, aus tiefster Nötigung, schaffen: Welchen Hergang wir uns wohl so vorzustellen haben, daß aus der ursprünglichen titanischen Götterordnung des Schreckens durch jenen apollinischen Schönheitstrieb in langsamen Übergängen die olympische Götterordnung der Freude entwickelt wurde: wie Rosen aus dornigem Gebüsch hervorbrechen. Wie anders hätte jenes so reizbar empfindende, so ungestüm begehrende, zum Leiden so einzig befähigte Volk das Dasein ertragen können, wenn ihm nicht dasselbe, von einer höheren Glorie umflossen, in seinen Göttern gezeigt worden wäre. Derselbe Trieb, der die Kunst ins Leben ruft, als die zum Weiterleben verführende Ergänzung und Vollendung des Daseins, ließ auch die olympische Welt entstehn, in der sich der hellenische ›Wille‹ einen verklärenden Spiegel vorhielt. So rechtfertigen die Götter das Menschenleben, indem sie es selbst leben – die allein genügende Theodizee! Das Dasein unter dem hellen Sonnenscheine solcher Götter wird als das an sich Erstrebenswerte empfunden, und der eigentliche Schmerz der homerischen Menschen bezieht sich auf das Abscheiden aus ihm, vor allem auf das baldige Abscheiden: so daß man jetzt von ihnen, mit Umkehrung der silenischen Weisheit, sagen könnte: ›das Allerschlimmste sei für sie, bald zu sterben, das Zweitschlimmste, überhaupt einmal zu sterben‹. Wenn die Klage einmal ertönt, so klingt sie wieder vom kurzlebenden Achilleus, von dem blättergleichen Wechsel und Wandel des Menschengeschlechts, von dem Untergang der Heroenzeit. Es ist des größten Helden nicht unwürdig, sich nach dem Weiterleben zu sehnen, sei es selbst als Tagelöhner. So ungestüm verlangt, auf der apollinischen Stufe, der ›Wille‹ nach diesem Dasein, so eins fühlt sich der homerische Mensch mit ihm, daß selbst die Klage zu seinem Preisliede wird.

Hier muß nun ausgesprochen werden, daß diese von den neueren Menschen so sehnsüchtig angeschaute Harmonie, ja Einheit des Menschen mit der Natur, für die Schiller das Kunstwort ›naiv‹ in Geltung gebracht hat, keinesfalls ein so einfacher, sich von selbst ergebender, gleichsam unvermeidlicher Zustand ist, dem wir an der Pforte jeder Kultur, als einem Paradies der Menschheit begegnen müßten: Dies konnte nur eine Zeit glauben, die den Emil Rousseaus sich auch als Künstler zu denken suchte und in Homer einen solchen am Herzen der Natur erzogenen Künstler Emil gefunden zu haben wähnte. Wo uns das ›Naive‹ in der Kunst begegnet, haben wir die höchste Wirkung der apollinischen Kultur zu erkennen: welche immer erst ein Titanenreich zu stürzen und Ungetüme zu töten hat und durch kräftige Wahnvorspiegelungen und lustvolle Illusionen über eine schreckliche Tiefe der Weltbetrachtung und reizbarste Leidensfähigkeit Sieger geworden sein muß. Aber wie selten wird das Naive, jenes völlige Verschlungensein in der Schönheit des Scheines, erreicht! Wie unaussprechbar erhaben ist deshalb Homer, der sich, als einzelner, zu jener apollinischen Volkskultur verhält, wie der einzelne Traumkünstler zur Traumbefähigung des Volks und der Natur überhaupt. Die homerische ›Naivität‹ ist nur als der vollkommene Sieg der apollinischen Illusion zu begreifen: Es ist dies eine solche Illusion, wie sie die Natur, zur Erreichung ihrer Absichten, so häufig verwendet. Das wahre Ziel wird durch ein Wahnbild verdeckt: Nach diesem strecken wir die Hände aus, und jenes erreicht die Natur durch unsre Täuschung. In den Griechen wollte der ›Wille‹ sich selbst, in der Verklärung des Genius und der Kunstwelt, anschauen; um sich zu verherrlichen, mußten seine Geschöpfe sich selbst als verherrlichenswert empfinden, sie mußten sich in einer höheren Sphäre wiedersehn, ohne daß diese vollendete Welt der Anschauung als Imperativ oder als Vorwurf wirkte. Dies ist die Sphäre der Schönheit, in der sie ihre Spiegelbilder, die Olympischen, sahen. Mit dieser Schönheitsspiegelung kämpfte der hellenische ›Wille‹ gegen das dem künstlerischen korrelative Talent zum Leiden und zur Weisheit des Leidens: und als Denkmal seines Sieges steht Homer vor uns, der naive Künstler.

Moderne griechische Gedichte von Jannis Ritsos und Konstantin Kavafis

Von allen seinen großen Standbildern, den wirklich wunderbaren
ergriff uns jene kleine Münze des Antigonos am meisten; –
Apollon scheint dort, ruhig auf einer Triere sitzend,
konzentrierter und zugleich gelassener,
sehr viel weniger selbstgefällig, – vielleicht weil hier der enge Platz
besser zum Ausdruck bringt seine heimliche Schönheit; und vielleicht so,
nackt ohne Leier, in vertraulicher Pose, eine
etwas tiefere Begegnung erlaubt, eine gewisse Zärtlichkeit sogar,
als seien wir, mit ihm nackt, versteckt
auf diesem stumpfen kleinen Metallkreis –
dazu half auch die schöne Triere, die sich entfernte.

(Jannis Ritsos)

189

Der wirkliche Grund

Nein, es ist nicht, weil Apollon sein Versprechen zurücknahm
und, in den Mund Kassandras spuckend, ihren Worten
jegliche Überzeugungskraft raubte, ihre Weissagungen
so für sie und die anderen entkräftend, – nein. Es ist nur, weil niemand mehr die
Wahrheit glauben will (…)

(Jannis Ritsos)

Neros Frist

Nero war nicht beunruhigt,
als er des Delphischen Orakels Spruch vernahm.
»Fürchte die dreiundsiebzig Jahre.«
Noch blieb ihm zum Genießen genügend Zeit.
Dreißig Jahre ist er alt.
Die, die der Gott ihm gibt, reicht aus,
sich auf künftige Gefahren vorzubereiten.

Jetzt wird er nach Rom zurückkehren, etwas müde,
doch angenehm müde von dieser Reise,
die nur aus Tagen des Genusses bestand –
in den Theatern, den Gärten, den Gymnasien …
aus Abenden, verbracht in den Städten Achaias …
Ah, vor allem die Wollust nackter Körper …

Daran dachte Nero. Und in Spanien sammelt und drillt
insgeheim Galba seine Legionen,
der alte Mann, der Dreiundsiebzigjährige.

(Konstantin Kavafis)

190

Chronologie Delphis

um 4300 v. Chr.	Erste Spuren menschlicher Nutzung der Korykischen Grotte
um 3000 v. Chr.	Gräber in der Ebene von Itea
etwa 15. Jh. v. Chr.	Siedlungsspuren im Bereich des Apollon-Heiligtums
8./7. Jh. v. Chr.	Beginn des Apollon-Kults: männliche Bronzestatuetten
8.–6. Jh. v. Chr.	Das Delphische Orakel nimmt Einfluß auf die Gründung von griechischen Kolonien
ab dem 7. Jh. v. Chr.	Delphi steht unter der Verwaltung der Amphiktyonie
7. Jh. v. Chr.	Athena Pronaia-Tempel, Schatzhaus der Korinther
6.–4. Jh. v. Chr.	Blütezeit des Heiligtums
600–590 v. Chr.	Erster Heiliger Krieg
6. Jh. v. Chr.	Erweiterung und Umgestaltung des Apollon-Heiligtums: Polygonalmauer, Gold-Elfenbeinstatuen, Silberstier, Kleobis- und Biton-Statuen
582 v. Chr.	Offizieller Beginn der Pythischen Spiele
um 560 v. Chr.	Sphinx der Naxier
um 550–545 v. Chr.	Schatzhaus der Knidier
548 v. Chr.	Brand des Apollon-Tempels
um 530 v. Chr.	Schatzhaus der Siphnier, Schatzhaus von Massilia
etwa 513–505 v. Chr.	Fertigstellung des neuen Apollon-Tempels durch die Alkmaioniden
um 500 v. Chr.	Schatzhaus der Athener
6. oder 5. Jh. v. Chr.	Schatzhaus der Potidaier
6./5. Jh. v. Chr.	Schatzhaus der Sikyoner
448–447 v. Chr.	Zweiter Heiliger Krieg
spätes 5. Jh. v. Chr.	Stadion
5.–4. Jh. v. Chr.	Zahlreiche Weihgaben, insbesondere der sich bekämpfenden Stadtstaaten: Schatzhaus von Syrakus, Stier von Kerkyra, Schlangensäule von

	Plataiai, Halle der Athener, Altar von Chios, Lysander-Denkmal, Arkadische Heroen, ›Sieben gegen Theben‹, Die Epigonen, Argivische Könige, Apollon Sitalkas, die Dreifüße der Herrscher von Gela und Syrakus, der Wagenlenker, Lesche der Knidier, Akanthus-Säule mit Tänzerinnen, Daochos-Monument
4. Jh. v. Chr.	Wiederherstellung der 373 v. Chr. zerstörten Bauten, wie Athena Pronaia-Tempel, Gymnasion, Hippodrom, Stadion und Apollon-Tempel (366–330 v. Chr.)
373 v. Chr.	Erdbeben, Felsstürze zerstören und beschädigen den Apollon-Tempel sowie weitere Bauten
356–346 v. Chr.	Dritter Heiliger Krieg
ab 346 v. Chr.	Philipp II. von Makedonien dominiert die Amphiktyonie
339–338 v. Chr.	Vierter Heiliger Krieg
4./3. Jh. v. Chr.	Theater
292–168 v. Chr.	Der aitolische Bund beherrscht Delphi
279 v. Chr.	Überfall der Galater
ab 168 v. Chr.	Die Römer in Delphi
1. Jh. v. Chr.–3. Jh. n. Chr.	Niedergang des Heiligtums
86–83 v. Chr.	Sulla plündert in Delphi
83 v. Chr.	Die Maidi plündern in Delphi
2. Jh. n. Chr.	Herodes Atticus stiftet steinerne Sitzreihen für das Theater; Plutarch wirkt als Apollon-Priester
129 n. Chr.	Kaiser Hadrian besucht mit Antinoos Delphi, nach dessen Tod stiftet er die Antinoos-Statue
um 330 n. Chr.	Kaiser Konstantin überführt die Schlangensäule nach Konstantinopel
394 n. Chr.	Kaiser Theodosius der Große verbietet den Apollon-Kult (Ausbreitung des Christentums)
5. Jh. n. Chr.	Delphi wird Bischofssitz
ab dem 15. Jh. n. Chr.	Ausländische Reisende beginnen das alte Delphi zu suchen
19. Jh. n. Chr.	Beginn der Ausgrabungen in der heiligen Stätte

Erläuterungen der Fachbegriffe

Abakus   Obere, quadratische Abschlußplatte über einem Säulen- → Kapitell

Adyton   Allerheiligstes, Raum des Kultbildes im (griechischen) Tempel

Agon   Öffentliches Wettkampf-Fest in der griechischen Antike; man unterschied gymnastische (athletische) Agone als sportliche Wettkämpfe, hippische mit Pferdewettkämpfen sowie musische in Dichtkunst, Tanz, Redekunst und Musik

Agora   Markt- und Versammlungsplatz griechischer Städte; als Staatsagora politisches Zentrum

Agrenon   Netzartiges Gewand der Seher

Akanthus   Mittelmeerische Distelart mit großen, gezackten, an den Rändern leicht eingerollten Blättern; seit der Antike ein in stilisierter Form verbreitetes Dekorationsmuster in Baukunst und Kunstgewerbe

Akropolis   Hochgelegener, befestigter Teil griechischer Städte; ursprünglich Burg, später auch Kult- und Repräsentationsort

Akroter   Bekrönendes Zierelement an den Ecken oder auf der Spitze eines Giebels

Amazonen   Im griechischen Mythos Volk kriegerischer Frauen in Vorderasien; Kämpfe zwischen Amazonen und Heroen sind ein beliebtes Motiv der antiken griechischen Bildkunst und Malerei

Amphiktyonie, pylaiisch-delphische   Griechische Eidgenossenschaft von zwölf Stammesverbänden bzw. den später von ihnen gebildeten Staaten

Ante   In der Flucht der Längsmauern vorgezogene, die Vorhalle seitlich begrenzende Mauerzunge von antiken Tempeln

Antentempel   Tempel, dessen Längsmauern an der Tempelfront vorgezogen sind; die Vorhalle eines Antentempels hat in der Regel zwei Säulen

Apsis   Halbrunder oder polygonaler, mit einer Halbkuppel überwölbter Raum, der sich zu einem Hauptraum öffnet; in der christlichen Baukunst der östliche Abschluß einer Kirche

archaisch   der Frühepoche der griechischen Kunst (ca. 620–480 v. Chr.) zugehörig

Architrav   Den Oberbau tragender Hauptbalken auf → Säulen oder → Pfeilern

Archon (Plural: **Archonten**)   Inhaber des politischen Führungsamts (Archonat) in einigen griechischen Stadtstaaten; im Athen des 7. Jhs. v. Chr. als

Jahresamt eingeführt mit neun vom → Areopag gewählten Archonten, die politische, religiöse, militärische und administrative Aufgaben wahrnahmen

Areopag Areios pagos, höchstes Regierungs- und Gerichtsorgan im Athen des 7.–5. Jhs. v. Chr., dem die ehemaligen → Archonten angehörten; benannt nach dem Ares-Hügel westlich der → Akropolis von Athen

Argonautensage Griechischer Mythos, benannt nach dem Schiff Argo und den Männern unter Führung Iasons, den Argonauten (griech.: ›die auf der Argo das Meer Befahrenden‹), die auszogen, das Fell des goldenen Widders (das Goldene Vlies) nach Griechenland zu holen

Astragale 1. Fußknöchelchen von Ziegen oder Schafen bzw. die daraus gefertigten Spielsteine; später die diesen nachgeahmten Steinchen aus Ton oder Metall; 2. In der Baukunst eine schmale, halbrund profilierte, als Perlschnur gebildete Zierleiste

Bacchantinnen Teilnehmerinnen an den orgiastischen Festen des Dionysos (Bacchus); die dem dionysischen Kult dienenden Frauen (→ Mänaden; → Thyiaden)

Basilika Drei-, fünf- oder mehrschiffige Kirche, deren Mittelschiff höher (und breiter) ist als die Seitenschiffe, so daß der durchfensterte → Obergaden für die Beleuchtung des Zentralraums sorgt; in der christlichen Baukunst früh bevorzugter Kirchentypus

Basis Ausladender Fuß einer → Säule oder eines → Pfeilers

Blattkapitell Mit stilisierten oder naturgetreu nachgebildeten Blättern verziertes → Kapitell; in der Antike häufig als → Akanthuskapitell

Buleuterion Rathaus antiker griechischer Städte, in dem die Ratsversammlung (Bule) tagte

Cella Fensterloser Hauptraum für den Kult in einem antiken Tempel, der sein Licht nur vom Eingang her empfängt

Chan Eigentlich Karawanserei; hier kleiner Gasthof mit Übernachtungsmöglichkeit

Chiton Altgriechisches Gewand: langer oder kurzer, meist gegürteter Leibrock mit oder ohne Ärmel

chthonisch erdhaft, unterirdisch. Chthonische Gottheiten waren erdgebunden und furchteinflößend; nach Auftreten der olympischen Götter bestanden die chthonischen fort als deren polare Gegensätze

Chresterion Ort der Orakelbefragung

Demarch Vorsteher der Volksgemeinde (Demos) eines griechischen Stadtstaats; auch Ortsvorsteher

Dioskuren Unzertrennliches Paar der griechischen Mythologie: Kastor und Polydeukes/Pollux

Dithyramben Altgriechische Form der Chorlyrik; für das 7. Jh. v. Chr. nachgewiesen im dionysischen Kultlied

194

Doppelantentempel Tempel mit → Anten sowohl an der Front- als auch an der Rückseite der → Cella

Drachme/Drachmon Antike griechische Münz- und Gewichtseinheit; nach aiginetischer Norm wog ein Drachmon 6,24 g (ein Drachmon entsprach sechs → Obolen)

Dreifuß ›Dreifüßiger‹ Untersatz für Geräte, insbesondere Kessel; in griechischen Heiligtümern häufig als Weihgeschenk dargebracht

Echinus Wulstartiger, im Querschnitt kreisförmiger Teil des dorischen → Kapitells, das zwischen → Schaft und → Abakus der → Säule vermittelt

Eierstab Zierleiste aus abwechselnd eiförmigen Gebilden und schmalen Stegen

Ephoren Die jährlich gewählten Ephoren bildeten die wichtigste demokratische Institution in den dorischen → Poleis, besonders in Sparta, und hatten die Interessen des Volkes zu vertreten

Epigonen Nachkommen. Bezeichnung für die Söhne jener sieben Helden, die vergeblich gegen Theben kämpften, während es den Epigonen zehn Jahre später gelang

Epigramm Aufschrift, Sinnspruch

Erinnyen Im griechischen Mythos die jeden Frevel strafenden Rachegöttinnen; im Kult auch als fruchtbarkeitsspendende Erdgöttinnen verehrt

Exedra 1. Halbkreisförmige Erweiterung an den Säulengängen öffentlicher Plätze oder in Gebäuden der Antike; 2. → Apsis in der mittelalterlichen Baukunst

Forum Meist längsrechteckiger Hauptplatz römischer Städte; Marktplatz und Versammlungsort

Fünfkampf Bestandteil der antiken → Agone: Wettlauf, Weitsprung, Ringen, Speer- und Diskuswurf

Gebälk 1. Balken, die zur Decken- oder Dachkonstruktion gehören; 2. In der Antike (und der aus ihr abgeleiteten Architektur) oberer Teil einer → Säulenordnung, bestehend aus → Architrav, → Fries und → Kranzgesims

Gesims Vorspringendes, meist horizontal verlaufendes Bauelement, das eine Außenwand in einzelne Abschnitte gliedert

Giganten Im griechischen Mythos Nachkommen der Erdgöttin Gaia und des kastrierten Uranos, dessen Blut sie zeugte; der Kampf der Götter gegen die Giganten, die Gigantomachie, erfreute sich in der antiken Kunst, besonders der Reliefkunst, großer Beliebtheit

Gymnasion In der Antike Sport- und Ausbildungsstätte für die griechischen Knaben und jungen Männer; ausgestattet mit Laufbahnen, einem Bad und Hörsälen, zumeist auch einer → Palaistra etc.

hellenistisch der Kulturepoche zwischen dem Alexanderzug (ab 334 v. Chr.) und etwa der Zeitenwende zugehörig

Hetären Im alten Griechenland Bezeichnung für die gebildeten Prostituierten (im Gegensatz zu den einfachen Pornai)

Himation Mantelartiger Überwurf der griechischen Männer und Frauen: ein rechteckiges Tuch aus Wolle oder Leinen

Hippodrom Antike Pferde- und Wagenrennbahn; in der Anlage dem Stadion ähnlich: mehrspurig mit Wende an der einen und geradem Abschluß an der anderen Schmalseite

Hosioi Fünf, durch das Los bestimmte delphische Priester, deren Familien sich auf Deukalion und Pyrrha (s. S. 15) zurückführten

Hybris Überheblichkeit, Frevelmut (gegenüber den Göttern)

Hyperboreer Im griechischen Mythos ein im hohen Norden lebendes Volk, zu dem sich Apollon während der kalten Wintermonate in Griechenland zurückzog (man glaubte, dort sei das Klima wärmer)

Ikonographie Beschreibung und Erklärung von Bildinhalten und deren Entstehung, ›Bildsprache‹

in situ am ursprünglichen Ort befindlich

Kanneluren/kanneliert Senkrechte, konkave Rillen am → Schaft von → Säule, → Pfeiler oder → Pilaster

Kapitell Oberer Abschluß von → Säule, → Pfeiler oder → Pilaster mit ornamentaler, figürlicher oder pflanzlicher Dekoration: *1. Dorisches Kapitell:* bestehend aus → Echinus und → Abakus; *2. Ionisches Kapitell:* Volutenkapitell, bei dem ein beiderseits eingerollter → Volutenkörper zwischen einem Wulstkörper (mit → Eierstab) und dem → Abakus liegt; *3. Korinthisches Kapitell:* bestehend aus zwei übereinander angeordneten → Akanthusblattkränzen, wobei zwei diagonal gestellte → Voluten die Ecken bilden und einen → Abakus (konkav eingezogen, Blumen auf jeder Seitenmitte) bilden

Karyatide Gewölbe- oder Gebälkstütze in Form einer weiblichen Steinfigur

Kentauren Im griechischen Mythos Fabelwesen mit menschlichem Oberkörper und Pferdeleib

Kithara Aus der viersaitigen Phorminx entstandenes altgriechisches Zupfinstrument – eine Leier/Lyra mit fünf, später bis zu 18 Saiten

klassisch der Blütephase der altgriechischen Kultur (ca. 480–334 v. Chr.) zugehörig

Kranzgesims Abschließendes → Gesims eines Bauwerks

Kuros (Plural: **Kuroi**) In der griechischen Skulptur eine männliche Statue im → archaischen Stil

Kyniker Antike Philosophenschule vor allem des 5. und 4. Jhs. v. Chr.; lehrte Bedürfnislosigkeit und Selbstgenügsamkeit (›Autarkie‹); in späteren philosophischen Richtungen, etwa der Stoa, nachlebend

Lapithen Griechischer Stamm in Thessalien, der von dort nach dem Mythos die → Kentauren vertrieb

Lekythos Ölkanne mit engem Hals, trichterförmiger Mündung und abgesetztem Fuß; Behältnis u. a. für Salböle

Lesche Säulengeschützte Versammlungshalle, vor allem in Heiligtümern und an Marktplätzen

Libation Trankopfer, -spende (für Götter und Verstorbene)

Linear-B-Schrift Silbenschrift der → mykenischen Kultur; erhalten sind ca. 4000 Schrifttäfelchen mit Linear B (ab dem 15. Jh. v. Chr.)

Lykurgische Verfassung Verfassung Spartas etwa im 7. Jh. v. Chr.; benannt nach dem legendären Lykurgos, der sie vom Delphischen Orakel erhalten haben soll

Lyra Altgriechisches Zupfinstrument (Leier) mit fünf bis sieben Saiten; dem Mythos nach von Hermes aus einer Schildkrötenschale und Rindshaut gefertigt

Magna Graecia Seit dem 4. Jh. v. Chr. Bezeichnung für die griechischen Kolonien (Küstenstädte) in Unteritalien und – gelegentlich – auf Sizilien

Mänaden Mythische Begleiterinnen des Gottes Dionysos; sie zogen in Ekstase mit aufgelöstem Haar, efeubekränzt, in Tierfelle gehüllt, mit Schlangen umgürtet durch die Wälder (→ Bacchantinnen; → Thyiaden)

Manteion Ort der Weissagung

Mantik Religiöse Seher- und Wahrsagekunst

Megaron Haupthalle mit Herd im griechischen Wohnhaus der Antike, meist mit einer Vorhalle zwischen → Anten ausgestattet

Metope Glatte oder reliefierte Platte am → Triglyphenfries eines antiken Tempels

Monopteros Säulenumstellter offener Rundtempel (ohne → Cella)

Musen Die neun Töchter des Zeus und der Mnemosyne (griech.: ›Erinnerung‹), Beschützerinnen der Künste und Wissenschaften

mykenische Kultur bronzezeitliche Kultur im griechisch-ägäischen Raum (ca. 16.–12. Jh. v. Chr.)

Naos Tempel. Beim → Peripteros der Kernbau innerhalb der Säulenreihe mit → Cella, → Pronaos und → Ophisthodom

Neolithikum Jungsteinzeit; folgt auf Alt- und Mittlere Steinzeit; datiert in Europa etwa ab dem 7. Jt. v. Chr.

Obergaden Wandabschnitt über den Mittelschiffarkaden einer → Basilika, in dem sich die Fenster befinden; auch Licht- oder Fenstergaden genannt

Obole Ursprünglich eine vormünzliche Geldform, deren Bezeichnung auf Münzen überging. Sechs Obolen paßten in eine Hand, bildeten daher einen → Drachmon

Obsidian Vulkanisches Gesteinsglas von dunkelgrauer bis -brauner Farbe

Oikumene Altgriechische Bezeichnung für die damals bekannten bewohnten Gebiete der Erde

Oligarchie Herrschaftsform der griechischen Antike: Wenige üben – aufgrund ihrer Herkunft, ihres Reichtums, ihrer Gruppenzugehörigkeit – die Staatsgewalt aus

Omphalos Eiförmiges Steinmal von nicht einwandfrei geklärter Bedeutung; in Delphi der Orakelstein

Opisthodom Gegenstück zum → Pronaos auf der Rückseite eines → Doppelantentempels

Orchestra Runder, später halbrunder Platz des Chores im griechisch-römischen Theater, zwischen Zuschauerraum und Bühne plaziert

Paganismus Heidentum

Palaistra Übungs- und Kampfplatz für den Ringkampf; auch Bezeichnung für die Sportstätte schlechthin (→ Gymnasion)

Panathenäenzug Prozession am zweiten Tag der Panathenaia, des Fests der Athena als Göttin von Athen

parischer Marmor qualitätvoller Marmor aus den antiken Brüchen auf der Insel Paros

Parthenon Tempel der Athena Parthenos auf der → Akropolis von Athen; 447–432 v.Chr. als dorischer → Peripteros errichtet

Pelanos Opfergabe vor der Erteilung des Orakels; anfangs meist Gebäck, später eine Geldgabe

pentelischer Marmor qualitätvoller Marmor aus den antiken Brüchen im Pentelikon, einem Gebirge nordöstlich von Athen

Peripteros Tempel, dessen Kernbau von einer Säulenreihe umstanden ist

Peristylhof Säulenhof einer griechischen oder römischen Anlage oder einer frühchristlichen Kirche

Pfeiler Stützglied über rechteckigem, rundem oder polygonalem Grundriß

Phyle Gebiets- bzw. Stammeseinheit im alten Attika

Pilaster Der Wand oder einem anderen Bauglied vorgelegter vertikaler Mauerstreifen mit → Basis und → Kapitell

Polis (Plural: **Poleis**) Griechischer Stadtstaat

polygonal mehreckig

Polygonalmauer Mauer, deren Ansichtsfläche aus → polygonalen Steinen besteht

Porosstein Kalkstein; auf dem griechischen Festland und den Ägäischen Inseln verbreitet und in der Antike als Baumaterial verwendet

Promanteia/Promantie Recht, das Orakel vorrangig vor anderen Ratsuchenden zu befragen

Pronaos Vorhalle eines antiken Tempels

Prophetes Berater des Pilgers, die für die Einhaltung des Rituals bei der Orakelbefragung sorgten; auch Verkünder des Orakels

Prytaneion Amtshaus; seit Kleisthenes Sitz der städtischen Beamten in einer altgriechischen Stadt; enthielt den heiligen Staatsherd

198

Pythioi Die je zwei Zeltgenossen (Berater) der spartanischen Könige; u. a. zuständig für die Orakelbefragung

Rhetor Redner, Lehrer der Redekunst im antiken Griechenland

Rhyton (Plural: **Rhyta**) Schmales, trichterförmiges Spenden- oder Trinkgefäß mit Hals und Henkel; oft in Gestalt eines Menschen- oder Tierkopfes bzw. -rumpfes

Säule Senkrecht stehendes, sich nach unten verjüngendes Stützglied mit kreisförmigem Querschnitt, meist gegliedert in → Basis, → Schaft und → Kapitell (→ Säulenordnung)

Säulenordnung Entsprechend Gestalt und Proportionierung unterscheidet man → Säulen verschiedener Ordnung; ihre Formen beziehen sich meist auf die Art ihrer → Kapitele: *1. Dorische Ordnung*: keine → Basis, → Schaft mit 16–20 → Kanneluren, dorisches → Kapitell, → Architrav bestehend aus glattem Balken sowie einem → Metopen-Triglyphenfries mit → Kranzgesims und → Sima darüber; *2. Ionische Ordnung*: → Basis (quadratische Sockelplatte, Hohlkehle und zwei kreisförmige Wülste), → Schaft mit bis zu 24 → Kanneluren, ionisches → Kapitell, → Architrav bestehend aus einem abgetreppten Balken, Zierbändern und einem → Fries, → Kranzgesims, → Sima; *3. Korinthische Ordnung*: Sonderform der kleinasiatischen ionischen Ordnung mit korinthischem → Kapitell; *4. Kompositordnung*: Säulenordnung mit einem → Kapitell zusammengesetzt aus Teilen des ionischen und korinthischen Kapitells (mitunter auch aus Elementen der persischen und ägyptischen Säule); variierende Übernahme von Elementen an → Gebälk, → Fries und → Gesims

Säulenschaft → Schaft

Säulentrommel → Trommel

Schaft Rumpf einer → Säule, Säulenkörper; aus einem Stück (monolith) oder aus einzelnen Säulentrommeln (→ Trommel) bestehend

Sima Traufleiste antiker Tempel entlang bzw. über dem → Kranzgesims; an den Längsseiten eines Gebäudes, häufig mit Wasserspeiern besetzt

Satyrn Im griechischen Mythos halbtierische Naturgottheiten von sprichwörtlicher Lüsternheit (menschengestaltig mit Pferdeohren, -schwanz, -hufen; in hellenistischer Zeit oft bockgestaltig)

Silenen Im griechischen Mythos halbtierische Naturgottheiten, ähnlich den → Satyrn, aber noch trinkfreudiger als diese; Begleiter des Dionysos

Sophisten Philosophische Richtung im 5. und 4. Jh. v. Chr.; rückten Probleme der Gesellschaft und des menschlichen Verhaltens in den Mittelpunkt, entwickelten die Kunst, Streitgespräche zu führen

Sphinx (Plural: **Sphingen**) Fabelwesen, weibliches Ungeheuer; bei den Griechen meist mit geflügeltem Löwenkörper und Frauenkopf dargestellt; Symbol des Rätselhaften

Stadion Im Griechenland der Antike eine Laufbahn-Anlage: zwei parallele, mehrspurige Bahnen mit Wende an der einen und geradem Abschluß an der anderen Schmalseite

Stater Standardmünzeinheit im alten Griechenland; je nach → Polis und Zeitstellung von unterschiedlichem Wert

Stylobat Oberste Stufe des antiken Tempelunterbaus, auf der die → Säulen ruhen

Temenos Abgegrenzter heiliger Bezirk um einen Tempel oder Kultplatz

Theodizee ›Rechtfertigung Gottes‹; Frage nach der Vereinbarkeit des ›Bösen‹ in der Welt mit der Allmacht, -güte, -weisheit Gottes

Thermen Römische Badeanlagen

Tholos Rundtempel, dessen → Naos von einem Säulenkranz umgeben ist

Thyiaden Bezeichnung für Frauen, die an den Haupthandlungen des Dionysos-Kultes teilnehmen; im weiteren Sinne auch verwendet für → Bacchantinnen; → Mänaden

Titanolith Dunkles Gestein magmatischen oder metamorphen Ursprungs (Pyroxen-Eisenmagnesiumsilikat, Eisentitanoxid)

Tridrachmon Griechische Münze: ›Dreidrachmenstück‹; numismatisch belegt für Delphi und vor allem Korinth

Triglyphenfries Umlaufender → Fries am → Gebälk antiker Tempel unterhalb des abschließenden → Gesimses, bei dem durch senkrechte Stege gegliederte Steinplatten (Triglyphen) mit glatten oder reliefierten Feldern (Metopen) wechseln

Trommel Teilstück eines nicht-monolithen Säulenschafts (→ Schaft)

Quellen und weiterführende Literatur

Reihen, Nachschlagewerke, Zeitschriften

Bulletin de Correspondance Hellénique (BCH). Hrsg.: École Française d'Athènes. Paris 1877ff. (Insbesondere Supplément IV, 1977; Supplément VII, 1981; Supplément IX, 1984)

Fouilles de Delphes. Hrsg.: École Française d'Athènes. Paris 1902ff.

Lexicon Iconographicum Mythologiae Classicae (LIMC). Hrsg.: L. G. Kahil. Zürich/München 1984. (Insbesondere Bd. I, 1984. »Apollon« von B. Lambrinudakis et al.)

Der Kleine Pauly. Lexikon der Antike. München 1975, Tb München 1979

Pauly – Wissowa – Kroll. Realencyclopädie der classischen Altertumswissenschaft. Stuttgart ²1958–78

Religionsgeschichtliche Versuche und Vorarbeiten (RGVV). Gießen, dann Berlin/New York 1903ff.

Antike Literatur

Aischylos   Tragödien und Fragmente. Hrsg. und übersetzt von O. Werner. München ²1969

Alkaios   Griechisch und Deutsch. Hrsg.: M. Treu. München ²1963

Anthologia Graeca. Griechisch-deutsch. Hrsg.: H. Beckby. München 1957

Herodot   Historien. Griechisch und deutsch. Hrsg.: J. Feix. München 1963

Homerische Hymnen. Griechisch und deutsch. Hrsg.: A. Weiher. München 1951

Pausanias   Reisen in Griechenland. Auf Grund der kommentierten Übersetzung von E. Meyer. Hrsg.: F. Eckstein. München ³1986

Pindar   Siegesgesänge und Fragmente. Griechisch-deutsch. Hrsg. und übersetzt von O. Werner. München 1967

Plutarch   Die drei pythischen Dialoge. Teilsammlung Moralische Schriften

Thukydides   Geschichte des Peloponnesischen Krieges. Eingeleitet und übertragen von G. Peter. Zürich/München ²1976

Delphische Bauten, Orakel und Kult

Amandry, P.   La Mantique apollinienne à Delphes. Essaie sur le fonctionnement de l'oracle. Bibliothèques des Écoles Françaises d'Athènes et Rome 170. Paris 1950

Amandry, P.   Les Plaques d'or de Delphes. In: Athenische Mitteilungen 77. Berlin 1962

Amandry, P.   La Ruine du Temple d'Apollon à Delphes. In: Bulletin de la Classe des Lettres et des Sciences Morales et Politique 1–2. Hrsg.: Académie Royale de Belgique. Brüssel 1989

Boardman, J.   Kolonien und Handel der Griechen. München 1989

Burkert, W.   Griechische Religion der archaischen und klassischen Epoche. Die Religionen der Menschheit Bd. 5. Stuttgart/Berlin/Köln/Mainz 1977

Corpus des inscriptions de Delphes. Paris 1985, 1987

Defradas, J.   Les thèmes de la propagande delphique. Études et commentaires 21. Paris 1954, 1972

Dodds, E. R.   Die Griechen und das Irrationale. Deutsche Übersetzung der griechischen Ausgabe ^{5}1966. Darmstadt 1970

Flacelière, R.   Devins et oracles grecs. Que-sais-je No. 939. Paris 1961

Fontenrose, J.   The Delphic Oracle. Its Responses and Operations with a Catalogue of Responses. Berkeley/London/Los Angeles 1978

Kahil, L. G.   Apollon et Python. In: Mélanges à K. Mihalowski. Warschau 1966

La Coste-Messelière, P. de   Au Musée de Delphes. Paris 1936

La Coste-Messelière, P. de   Delphes. Paris 1957

Nilsson, M. P.   Geschichte der griechischen Religion. Handbuch der Altertumswissenschaften 2. München ^{3}1974

Parke, H. W. und D. E. W. Wormell   The Delphic Oracle. Oxford 1967

Poethen, J.   Rein von Zeit – auf der Suche nach Apollon. In: Hellenika. Jahrbuch der Freunde Griechenlands. Ausgaben Neu-griechische Studien Bochum. Redaktion Dr. Isidora Rosenthal-Kamarinea. Bochum 1987

Roux, G.   L'Amphictionie, Delphes et le Temple d'Apollon au IV siècle. Collection de l'Orient Mediterranée No. 8 (Série Archéologique No. 6). Lyon 1979

Roux, G.   Delphi. Orakel und Kultstätten. München 1986

Scheliha, R. von   Freiheit und Freundschaft in Hellas. Sechs Basler Vorträge. Amsterdam ^{2}1968

Vlachos, A.   Pythias Paralirimata. Estia 1980

Voit, L.   Zur Gestalt des Gottes Hermes in der antiken Literatur. In: Hellenika. Jahrbuch der Freunde Griechenlands. Ausgaben neu-griechische Studien Bochum. Redaktion Dr. Isidora Rosenthal-Kamarinea. Bochum 1987

Zitat- und Abbildungsnachweis

Zitate

© Artemis Verlags GmbH München
  Zitate aus der »Anthologia Graeca«. Hrsg. H. Beckby. München 1957
  Zitate aus Herodot. »Historien«. Hrsg. J. Feix. München 1963
  Zitate aus »Homerische Hymnen«. Hrsg. A. Weiher. München 1951
© Artemis Verlag, Zürich
  Zitate aus Pausanias. »Reisen in Griechenland«. Auf Grund der kommentierten Übersetzung von E. Meyer. Hrsg. F. Eckstein. München/Zürich ³1986

Kallimachos (Fragment 114) wurde zitiert nach W. Burkert: »Griechische Religion der archaischen und klassischen Epoche«. Die Religionen der Menschheit Bd. 5. Stuttgart/Berlin/Köln/Mainz 1977, S. 229

Pindar wurde zitiert nach R. von Scheliha: »Freiheit und Freundschaft in Hellas«. Sechs Basler Vorträge. Amsterdam ²1968, S. 99

»LIMC« steht für »Lexicon Iconographicum Mythologiae Classicae«. Hrsg.: L. G. Kahil. Zürich/München 1984

Frau Lore Rümelin war so freundlich, uns zu gestatten, Auszüge ihres bisher unveröffentlichten Werks »Bäume waren die ersten Tempel der Götter« für das Kapitel »Die Pflanzen des Apollon« zur Verfügung zu stellen.

Die Textauszüge zu Curtius, Kleinpaul, Müller und Nietzsche wurden entnommen:

Curtius, Friedrich (Hrsg.): »Ein Lebensbild in Briefen«. Berlin 1903, ²1913

Kleinpaul »Mediterranea«

Nietzsche, Friedrich Wilhelm: »Nietzsche's Werke«. Erste Abteilung. Bd. 1. Die Geburt der Tragödie. Hrsg. C. G. Naumann. Leipzig 1895 (Ortographie angeglichen)

Ross, Ludwig: »Wanderungen in Griechenland im Gefolge des Königs Otto und der Königin Amalie, mit besonderer Rücksicht auf Topographie und Geschichte«. 2 Bde. Halle 1848, 1851

Die Gedichte von Jannis Ritsos in der Übersetzung von Armin Kerker wurden mit freundlicher Genehmigung durch Frau Dr. Isidora Rosenthal-Kamarinea entnommen aus: »Hellenika« (Jahrbuch der Freunde Griechenlands). Bochum 1987; ebenso die Übersetzung aus Kallimachos.

Die im Text oder hier nicht gesondert kenntlich gemachten deutschen Übersetzungen altgriechischer und griechischer Texte nahm die Autorin selbst vor.

Farbabbildungen

Nikos Kontos   1–6, 8–11
Arved von der Ropp   Umschlagvorderseite

Textabbildungen

Benaki-Museum, Athen   67
Ursula Clemeur, Köln   7
aus: F. Curtius. Ernst Curtius. Ein Lebensbild in Briefen. Berlin 1903   69
aus: E. Dodwell. Views in Greece from Drawings. London 1830   47
École Française d'Archéologie, Athen   6, 37, 38, 44, 52, 62–65
Hirmer Fotoarchiv, München   9, 23, 24, 42
Nikos Kontos, Athen   10, 12, 18, 40, 49, 50, 51, 53, 54, 57, 60, 61
aus: O. und E. Kern. Carl Otfried Müller – Ein Lebensbild in Briefen an seine Eltern mit den Tagebüchern seiner italienisch-griechischen Reise. Berlin 1908   68
Österreichische Nationalbibliothek, Wien   35
aus: G. Roux. Delphi. Orakel und Kultstätten. München 1986   2, 22

Alle übrigen Abbildungen stammen aus den Archiven der Autorin oder des Verlages

Pläne

École Française d'Archéologie, Athen   Plan E

Alle übrigen Pläne: DuMont Buchverlag, Köln

Register

(h)   – historische Gestalt
(m)   – mythische Gestalt
(Lit.) – Gestalt aus der Literatur

DuMont Taschenbücher